55品の親切レシピ

やすらぎの
タイ食卓

日本で手に入る食材で
本物のタイ料理を

ラッカナー・パンウィチャイ
藤田 渡
河野 元子
イラスト 山口きよ子

めこん

プロローグ

加藤 剛

　天上では、太陽系の星々の運行がどのように組み合わさるかによって、時たま珍しい現象が観察されます。たとえば、2004年6月8日、金星が太陽を横切る太陽面通過現象が起こりました。この現象が日本で見られたのは、実に130年ぶりのことです。

　地上でも、人々の巡り合わせが時に思わぬ結果をもたらします。2001年3月30日、京都大学大学院アジア・アフリカ地域研究研究科でも珍しい現象が起こりました。「これまでにあまり類を見ないタイ料理の本を作ろう」というアイデアが、あっという間にまとまってしまったのです。

　日本に留学し、本来の目的である文学を通してのタイ・ジェンダー研究以外に、タイ料理を作るのが大好きで、日本で手に入る食材でタイの食卓の再現を試みてきたラッカナーさん。東北タイにおける森林資源の利用等に関する文化人類学的研究で博士号をとり、森と共に暮らす人々を訪ねてタイ中を歩きながら食事行脚をした藤田くん。マレーシアの漁村と漁業、特に干し魚をめぐる歴史について研究する一方で、料理をすることに並々ならぬ関心を抱く河野さん。そして、フィリピン建築の特徴とその歴史的展開を研究する傍ら、挿し絵を描くのを得意とし、それも食べ物の挿し絵となると俄然、熱を帯びる山口さん。

　この4人の出会いが時と所を得て重なり合い、上記3月30日に出現したのが、私の同僚教授のために用意された、大学院生主宰による退職記念のタイの食卓でした。ラッカナー・シェフのもと、藤田くんと河野さんが調理をアシストし、そして食卓には山口さんの挿し絵つきのコース・メニューが並びました。ワイワイ・ガヤガヤと楽しく食事をしているうちに、いつのまにやら「4人でタイ料理の本を作ろう！」。日本でも調理できるタイ料理の本、挿し絵を手掛かりに料理の手順がわかりやすい本、タイ料理の地域的違いがわかる本、タイのことを知ることができる本、そして種類別にまとめられた料理を自由に組み合わせることによって好みのタイの食卓を日本で再現できる本——そうした本を作ろうということになったのです。私の役割は、もっぱら火をつけ、煽ることでした。

　あれから3年以上、山あり谷ありでしたが、ようやく本ができあがりました。苦労の末に到達した「やすらぎのタイ食卓」。しかし、この本があれば、タイの食卓の準備は苦労知らず。文章だけでなく、写真撮影、パソコンによるページ構成まですべて4人の手作りです。料理写真の中には「これはいささか…」といったのもあるかもしれません。しかし、味の方は現場取材に裏打ちされた優れものです。多くの人に、胃袋を通じてのタイとの交流を勧めたいと思います。

（京都大学大学院アジア・アフリカ地域研究研究科教授）

目　　次

プロローグ　3
タイの食卓への招待　6

ケーン（カレー料理）　13
　　ケーン・ペット　　　　　　　　　　（レッド・カレー）　14
　　ケーン・キアオワーン　　　　　　　（グリーン・カレー）　16
　　パネーン　　　　　　　　　　　　　（牛肉のレッド・カレー風煮込み）　18
　　ケーン・パー　　　　　　　　　　　（"森のカレー"）　20
　　ケーン・ケー　　　　　　　　　　　（野菜いっぱいのカレー）　22
　　ケーン・ソム　　　　　　　　　　　（タマリンド入り酸っぱいカレー）　24

パット（炒めもの）　29
　　パット・ブロッコリー・ムー・クロップ　（ブロッコリーとカリカリに揚げた豚バラ肉の炒めもの）　30
　　パット・トゥア・ランタオ・クン　　　（キヌサヤとエビの炒めもの）　32
　　パット・パック・ルアムミット　　　　（ミックス野菜炒め）　33
　　カイ・ヤット・サイ　　　　　　　　（タイ風オムレツ）　34
　　パット・テーンクワ　　　　　　　　（キュウリとタマゴの炒めもの）　36
　　ブー・パット・ポン・カリー　　　　（カニのカレー粉炒め）　38
　　パット・クラプラオ　　　　　　　　（ひき肉のホーリーバジル炒め）　40
　　パット・チャー・プラー　　　　　　（魚のレッド・カレーペースト炒め、タイゴボウ入り）　42
　　パット・ペット　　　　　　　　　　（豚バラ肉のレッド・カレーペースト炒め、ココナツミルク入り）　43

ヤム（和えもの）　45
　　ヤム・ウンセン　　　　　　　　　　（春雨のサラダ）　46
　　ヤム・タレー　　　　　　　　　　　（海の幸のサラダ）　48
　　ヤム・ホイ・ナーンロム　　　　　　（牡蠣のサラダ）　49
　　ヤム・ヌア・ヤーン　　　　　　　　（焼いた牛肉のサラダ）　50
　　ヤム・マクア・ヤーオ　　　　　　　（長ナスのサラダ）　52
　　ムー・マナーオ　　　　　　　　　　（焼いた豚肉のライムソースかけ）　54
　　ラープ・イサーン　　　　　　　　　（東北タイ風ひき肉の和えもの）　56
　　ラープ・ヌア・ディップ　　　　　　（生牛肉の香草和え）　58
　　ムー・ナムトク　　　　　　　　　　（焼いた豚肉の炒り米和え）　60
　　ソムタム・タイ　　　　　　　　　　（中部タイ風青パパイアの和えもの）　62

ナムプリック（ディップ）　67
　　ナムプリック・カピ　　　　　　　　（エビペーストのディップ）　68
　　ナムプリック・プラー・ドゥック・フー　（カラカラに揚げたナマズ＜サーモン＞のディップ）　68
　　ナムプリック・オーン　　　　　　　（トマトとひき肉のディップ）　70
　　ナムプリック・ヌム　　　　　　　　（トウガラシ、赤小タマネギ、ニンニクのディップ）　72
　　ナムプリック・クン・ソット　　　　（焼きエビ入りディップ）　73

クイティアオ（麺料理） 75
　　クイティアオ・ムー・トムヤム　　　　　（トムヤム風味豚肉入り汁麺） 76
　　クイティアオ・ヌア・トゥム　　　　　　（牛肉の甘辛煮入り汁麺） 78
　　バミー・ヘーン・ムー・デーン　　　　　（焼き豚入りタマゴ麺、サラダ風） 80
　　カノム・チーン・ナムヤー　　　　　　　（タイ風素麺、刻み野菜と魚肉ソースかけ） 82
　　カーオ・ソーイ　　　　　　　　　　　　（チェンマイ風カレー麺） 84
　　パット・タイ　　　　　　　　　　　　　（タイ風焼きそば） 86

トム（煮もの） 89
　　トムヤム　　　　　　　　　　　　　　　（タイ風スープ） 90
　　トムチュート・タオフー・ムー・サップ　（豆腐と肉団子のすまし汁） 92
　　パロー　　　　　　　　　　　　　　　　（豚バラ肉とタマゴの八角煮） 94
　　トム・カー・カイ　　　　　　　　　　　（ココナツミルク入り鶏肉のスープ） 96

ヌン（蒸しもの） 99
　　プラー・ヌン・キン　　　　　　　　　　（魚のショウガ蒸し） 100
　　ホーモック　　　　　　　　　　　　　　（魚貝の蒸し物、タイカレー風味） 102

カーオ（ご飯もの） 107
　　カーオ・トム・シークローン・ムー　　　（豚スペアリブ入りのお粥） 108
　　カーオ・パット・タイ　　　　　　　　　（タイ風炒飯） 110
　　カーオ・マン・カイ　　　　　　　　　　（タイ風鶏ごはん） 112

ヤーン（焼きもの） 115
　　カイ・ヤーン　　　　　　　　　　　　　（鶏肉の直火焼き、タイ風味） 116
　　ヌア・ヤーン　　　　　　　　　　　　　（牛肉の直火焼き、ニンニク・胡椒風味） 117
　　プラー・ヤーン・クルアンテート　　　　（魚の香味焼き） 118

トート（揚げもの） 121
　　カイ・チアオ　　　　　　　　　　　　　（タイ風タマゴ焼き） 122
　　ポーピア　　　　　　　　　　　　　　　（タイ風春巻き） 124
　　トートマン・クン　　　　　　　　　　　（エビすり身のさつま揚げ） 126
　　カイ・トート・クラティアム・プリックタイ　（鶏肉の唐揚げ、ニンニク・胡椒風味） 128
　　シークローン・ムー・トート　　　　　　（豚スペアリブの唐揚げ） 129

コンワーン（デザート） 131
　　ケーンブアット・ファクトーン　　　　　（カボチャのココナツミルク煮） 132
　　サークー　　　　　　　　　　　　　　　（タイ風タピオカと黒豆の冷たいデザート） 133

パーティー（おもてなし） 135

コラム
　　ラッカナー・パンウィチャイ『雨が好きな人』 26
　　山口きよ子『タイ、食のスケッチ』 64
　　藤田渡『森を食べるということ』 104
　　河野元子『お隣の国、マレーシアの台所』 138

食材リスト 140
エピローグ 143

●材料は4〜5人分を基本としています。料理によっては、作りやすい分量で紹介しました。●この本で使用した計量の単位は、1カップが200cc、大さじ1が15cc、小さじ1が5ccです。●酸味を出すために使うマナーオ（ライム）は、おもにレモンで代用しました。

タイの食卓への招待

文明の十字路・食の十字路

　日本でもタイ料理がちょっとしたブームのようだ。以前のように「エスニック料理」の一部だったころには、首を傾げたくなるような、みょうちきりんなアレンジを施したものもあったが、最近ではタイ人コックによる本格的なタイ料理レストランが増えている。

　食はタイ人の得意分野だ。私の友人のタイ人たちはみんな食道楽で、日々、おいしい店の開拓にいそしんでいる。タイ、とりわけ、首都バンコクには、ありとあらゆる食があふれている。国際都市らしく、世界各国の料理を本格的に味わうことができると同時に、それらが、徐々に、「タイ化」してきているのに驚かされる。はじめは輸出用だっただろうカニカマは、今や多くのタイ人にとって最も身近な「日本料理」だ。彼らは、練りわさびと醤油を半々くらいの割合で混ぜた濃緑色の液体につけて食べる。で、「わさびって辛いねえ」と言うのである。ちょっとした街ならどこにでもあるケンタッキー・フライドチキンでは、フライドチキンを細かく刻み、スパイスなどであえた一品が、最近メニューに加わった。

　こうしたことは、なにも、今に始まったことではない。アユタヤやバンコクは、東西の文明が交錯する港市だった。海岸沿いに、東からは中国、ベトナム、西からはインドやアラブ、マレーの商人が渡来し、それぞれの食文化を持ち込んだ。近代以降は、西欧文化の影響ももちろんある。一方、チャオプラヤー川流域にはタイ人が、また東北部の平原地帯、北部の河谷・盆地にはラオ人をはじめとする「タイ系」諸民族（タイ人を含む、より広い言語集団）が、それぞれ、主に農業に従事しながら、豊かな自然に依存した食生活を送っている。このほか、陸伝いにベトナムやビルマから伝わった料理もある。いろいろな文化が行き交う中で、渦の中心のように色々なものを吸収してできてきたのが、現在の「タイ料理」なのだろう。

　だから、タイ料理はとても多様である。多様だが、そこには確かに共通するものがある。それが「なんとなく、タイっぽい」ということである。例えば、この本で紹介するメニューの中には、ほとんど中華料理、というものがいくつかある。でも、ほんの少し調味料や香辛料をアレンジすることで、不思議なくらい、タイっぽくなってしまう。それはもう中華料理ではない、「タイ料理」なのである。

北タイ料理レストランのテーブルに用意された生野菜（バンコク郊外）　撮影PK

「四味一体」＋α

では、「なんとなく、タイっぽい」というのは、具体的にどういうことなのだろうか。

タイの人たちが、これはおいしいと言う時よく使うのが、「味が濃い」という表現である。とにかくしっかりした味付けが好きだ。だから、和食、特に関西風の味付けなどは、彼らには物足りないようで、「水くさい」「味がない」などと言う。もうひとつ、よく言われるのは、「味がはっきりしている」ということ。これが「タイっぽさ」を解く鍵なのである。

タイ料理の味付けは、おおむね、「甘い」「辛い」「酸っぱい」「塩辛い」、この組み合わせである。これに、香草や、ナムプラーのような魚の発酵食品のにおいが加わる。「はっきりした味」というのは、このそれぞれが、バランスよく調和し、しかしお互い交じり合うことなく自らを主張して、それが鮮烈に感じられるということなのだ。日本人でタイ料理が苦手な人は、「辛いのが苦手」というほかに「においがきつい」ことを挙げる。しかし、彼らには残念だが、このキュンとひきしまった味とにおいの組み合わせこそがタイ料理の醍醐味なのである。

タイ料理の中には、例えばココナツミルクをベースにしたり、ニンニクを大量に使ったりするものがある。その上、「味が濃い」のがよしとされる。でも、不思議に、重たいとか、くどいとか、そういう感じはしない。「甘い」「辛い」「酸っぱい」「塩辛い」、それに香草や発酵食品のにおい、それぞれが際立ち、主張する。口に入れた時の印象は激しく、躍動的だが、それは一瞬で、後に尾を引かず、意外にさっぱり軽やかになるのである。

ゆたかな自然のめぐみ

このように、鮮烈でありながら、さっぱりしたタイ料理の味の源泉は、何といっても、タイのゆたかな自然だ。ライムやタマリンドのさわやかな酸味、ココナツミルクやヤシ砂糖のまろやかな甘さ、そのほか、それぞれに個性のある、でも慣れるとクセになるスパイスや発酵食品。これらは、全部、自然のめぐみだ。強烈な暑さ、天のバケツをひっくり返したようなスコール、沸きあがる大地のにおい。そうかと思えば、やがてやさしく身体を包み込む一陣の風が通る。こうした自然のリズムが料理にもそのまま現れているのだ。

「田には米あり、水に魚あり」とは、スコータイ王朝の碑文の言葉だが、それだけではない。庭先に植えられた木や草は、ほとんど全部、食べられる。必要な分だけ、ちょんちょんと摘んでくる。家になければ、お隣さんに一声かける。「お醤油貸して」の世界だ。さらに、森や田

チェンマイ料理のいろいろ（バンコク郊外）

んぼにも、果物あり、イモあり、野菜あり、香草あり。

以前、滞在していた村でのこと。夕飯のおかずに魚のスープが出た。水路でとれた魚を、ナムプラーと水田に自生する香草だけでシンプルに煮たものだった。「これが本当の、昔ながらの農民料理なんだよ」と教えられた。農繁期、農民は白いご飯だけ持って田んぼに行く。お昼は、脇の小屋で、その辺でとってきたものを簡単に料理して食べる。魚のスープは、そうした農民料理の代表なのだという。

タイ料理の多くは、調理そのものはどちらかというとシンプルだ。もちろん、コツとか技術とか、そういうものはある。ただ、じっくり手間ヒマかけて、ということはあまりしない。熱帯の自然が育んだ個性的な素材をあまりいじくりまわすことなく、バランスよく組み合わせる、これがタイ料理の原風景、「タイっぽさ」の源ではないかと思う。

タイ周辺図

街はずれに、ムスリム(イスラーム教徒)向けの食堂を見つける。豚肉一切なし、イスラームの教えに従った方法で屠殺した肉を使う。ここでは、何はともあれ、「カオ・ソーイ」(84頁参照)だ。「チーン・ホー」と呼ばれるムスリム華人が伝えた料理だという。ココナツミルクをベースに、カレー風味の汁にたまご麺、具には鶏か牛肉がごろっとひとかたまり入っている。どんぶりに入った「カオ・ソーイ」に、刻んだ高菜漬けと赤タマネギを入れ、それにライムを搾る。カレーベースの、ちょっと重たい味をこれらの薬味がやわらげてくれる。2杯、3杯くらいはペロッと入ってしまう。

こういう「店屋物」ではなく、もう少し日常的な庶民の食卓にはどんなものが並ぶのだろうか。市場の「おかず売り」をのぞいてみよう。

なるほど、バンコクとはかなり様子が違う。バンコクでは、「ヤム」といえば、和え物、あるいはサラダのような料理だが、ここでは汁気がたっぷりでスープのよう。

豚肉のラープ(刻み肉の和え物 56、58頁)がある。なんと生だ! 豚肉の寄生虫は脳に入り込むので非常に危険…、でもおいしいので、ついつい箸が進んでしまう。このラープ、味付けも、他の地域とは違っていて、乾燥香辛料を使っている。この香辛料が寄生虫を殺してくれるはず…。

珍しい野菜をいくつかの種類に束ねてセットとして売っている。聞けば、「ケーン・ケー」に使う野菜のセットなのだという。ケーン・ケー(22頁)とは、これもこの土地にしかない料理で、特に森でとれる山菜をふんだんに入

地域の食の風景

日本の約1.5倍の国土を持つタイ。気候、風土、習慣、宗教などとともに、料理もその土地ごとに特色がある。一般的に、タイは、中部、北部、東北部、南部の4つの地域に分けられる。しかし、食文化の違いは、こうした地域区分や県境と必ずしも一致しないし、場合によっては国境を超えて広がるものもある。ところ変われば、品変わる。でも、食に「境」はない。ここでは、北部のチェンマイ、南部のハジャイ、東北部のウボンラーチャターニー、という3つの街の、それぞれの活きた食の風景を素描し、大地の恵みと人々の営みの豊かさを実感してみよう。

チェンマイ

雲がかかった緑の山に囲まれた高原の街、チェンマイ。街の中心は城壁や寺院をはじめ、古い町並みがまだよく残っている。なんとなく心の落ち着く街だ。

スパイス専門店
(チェンマイ ワローロット市場)
撮影ＰＹ

れた煮物である。魚の塩辛、プラー・ラーをベースにしたコクのある味と、それぞれの野菜の食感やかおりがたまらない。さらに、有名なチェンマイ・ソーセージ、地元では「サイ・ウア」と呼ばれるが、これを加えて、ビールのあてからご飯の友まで、フルコースでそろってしまった。

酔いもさめた翌日、チェンマイ中心部、ピン川沿いにあるワローロット市場を訪ねる。ここに１軒、面白い店があった。スパイス専門店である。タイ料理に広く使われる生のものではなく、乾燥スパイス専門で、インド系のオーナーは、チェンマイ生まれながら、インドへの留学経験があるという。丁子、八角、コショウなど、我々にもなじみのあるもののほか、何十種類ものスパイスが並んでいる。その中に、「ラープ用香辛料」と書かれたものがあった。さきほどのラープの調味用の香辛料なのだが、なんと11種類もの香辛料をブレンドしたものだったのだ。驚くことに、そのうち6種類がインドからの輸入で、タイではとれないものなのだという。

山に囲まれた盆地の街、チェンマイ。この街の人々は、身近な山河の幸をふんだんに利用してきた。その一方で、のどかなこの街は、中国やインドと深くつながっている。そういう、チェンマイの持ついろいろな顔が、料理を通して浮かび上がってくる。

ハジャイ

マレー半島の東・西両岸からの交通網が交差する南部の交通の要衝、ハジャイ。国境貿易やマレーシアからの観光客で栄える商業と歓楽の街である。

朝、ホテルから、朝食をとりに街に出る。目指すは、このあたりの名物朝ごはん、「カーオ・ヤム」。レモングラス、ささげ豆、バナナの花など、いくつもの野菜を細かく刻んだものをご飯に混ぜ、魚を発酵させて作った専用のタレをまぶしてある。お好みで、「ブドゥー」という、やはりこれもこの地域にしかない、魚から作ったコロイド状のソースを足す。ブドゥーに詰まったまろやかな魚のうまみが、野菜のしゃきしゃき、さっぱり感とあいまって、やめられない。低カロリー・ヘルシー朝ごはんのはずが…。

「カーオ・ヤム」も実は、ムスリムの料理である。マレーシアにつながる南部にはムスリムが多い。でも、「カーオ・ヤム」以外のムスリム料理は、はっきり言ってあまりおいしくない。信仰心の薄い我々には、もっと他のおいしいものがあふれている。

街のそこここにシーフード・レストランが目に付く。オープン・エアで、表に素材を並べて客を誘う。海に近い交通の要衝だけあって、新鮮だ。しかも、バンコクあたりより安い。商店街の一角では、ムスリムの女性が鶏のから揚げを売っている。バンコクでも「カイ・トート・ハートヤイ（ハジャイの鶏から揚げ）」と看板を掲げて売るくらいだから、これはなかなかおいしい。

ムスリム女性の売る
「カイ・トート・ハートヤイ」
（ハジャイ）
撮影PY

三分粥で有名なレストランの定番の朝食(ウボンラーチャターニー)撮影PY

ウボンラーチャターニー

バンコクを夜の9時に出る急行列車は、一夜明けると、樹木が点在する小さな区画の水田に、時に草を食む水牛などを見ながら進む。定刻では、翌朝、7時半ごろ、終点のウボンラーチャターニー駅に到着する。駅は、ウボンラーチャターニー市からムーン川を渡ったワーリンチャムラープ市にあるので、到着後は、市バスに乗って橋を渡り、ウボンラーチャターニーの街に入る。ここは、草深いイサーン(東北部)の中でも東の最果てである。旧市街にはコロニアル風の商店なども残っているが、だだっ広く、何か気だるい感じのする街である。

さて、朝ごはんだ。

市内には、朝食専門の食堂が点在している。ポピュラーなメニューは、「カイ・ガタ」とパンのセット。「カイ・ガタ」とは、アルミ製の小さなフライパンに入ったまま焼きで、クンチアンとかムーヨーというタイ風のソーセージと、浅葱の刻んだのが散らしてある。パンは暖めてある。やわらかめのコッペパンの真ん中に切れ目が入り、そこにバターを塗って、やはり薄いソーセージがはさんである。

もう1つは、「ジョーク」という三分粥だ。プレーンな粥に、肉団子と刻んだネギ・ショウガという、きわめてシンプルなものだ。ウボンラーチャターニーには、バンコクでもかくまで…、というほど「ジョーク」のおいしい店がある。

イサーンといえば、もち米に、未熟パパイヤのサラダ

絶品なのは、いっしょに売っているエビのから揚げ。この淡水エビは、近くのソンクラー湖でとれるのだろう。殻をはずすとミソがたらりと流れる。鶏とエビにもち米のセットを部屋に買って帰って、昼間からビール…。幸せだ。

ムスリム料理以外のものとしては、シーフードのほかに、いわゆる「南タイ料理」がある。さすがに本場だけあり、おいしい。特徴は、まず、辛いこと。タイ料理はおしなべて辛いのだが、その中でも特に辛い。「ケーン・タイプラー」のように、多様な魚の発酵食品を使った料理がある。「ブドゥー」をベースに作った辛味ソースには、やはりこの地方の特産である「サトー」(ネジレフサマメ)という豆の焼いたのをつけて食べる。全般的に、甘みや酸味は少なく、濃厚な魚のうまみ、塩味、辛味が際立つ。深い森と海にはさまれた土地で育まれた料理である。

で日本でも有名なソムタム（62頁）、カイ・ヤーン（焼き鳥 116頁）が自慢料理なのだが、これら朝食屋のメニューは、ベトナム経由で入った「フランス風」の「カイ・ガタ」、または中華風の粥である。かつては、街なかに住んで朝食を外で食べるような人は商人か、あるいは中央政府から派遣されてきた役人だった。おそらく、そのためなのだろう。

定番のもち米、ソムタム、カイ・ヤーンは、昼前ごろから、やおら動き出す。お昼時には、辻のそこかしこで、煙を上げるカイ・ヤーン屋にOLが群がっている。土地の人はみんなよく知っている。人が群がる店はおいしい店だ。役所で、オフィスで、買ってきたソムタム、カイ・ヤーンをシェアしながら、おしゃべりしている。OLだけではない。学校が終わる午後3時を過ぎると、ソムタム屋台は中学生・高校生であふれかえる。黄色い歓声につつまれるソムタム屋台というのは、ちょっと珍しい光景だ。

ところが、夕飯の時間に、ソムタム、カイ・ヤーン以外に本格的にイサーン料理を食べようと思っても、そういう「イサーン料理」専門店はない。むしろ、賑わっているのは、「ラーン・カーオ・トム」（お粥屋 108頁）である。これは、朝ごはんの時のようなおかゆ専門店ではない。一通りのタイ料理を作る、全国どこにでもあるきわめてスタンダードな食堂である。おかずと共に、白ご飯か白粥を出すので「お粥屋」と呼ばれるのだろう。

面白みのない…と思っていると、ウボンラーチャターニーならではのものがあった。「川の幸」だ。ムーン川でとれる魚や貝料理は、名物の1つである。もちろんそれ以外にもスタンダードなメニューがそろっていて、やはり繁盛している店はおいしい。

このほか、国境に程近いこの街の名物に、ベトナム料理がある。地元の人の話では、街の住民の半数が実はベトナム系だという。彼らは、ベトナム戦争中にはタイ当局の弾圧を恐れて身を潜めていたが、インドシナが「戦場」から「市場」に変貌した現在では、もう隠れることはない。街随一の有名店は、その名も「インドチーン」（インドシナ）。他にも、屋台で、生春巻きやクイチャップという煮込み麺などが広く売られている。

「イサーン」というイメージ、物憂げな最果ての街というイメージとは裏腹に、ウボンラーチャターニーには、ベトナムから、バンコクから、いろいろな食文化が持ち込まれ、それらが長い時間の末、人々の暮らしの中に溶け込んでいる。この街の成り立ちと歴史を静かに映し出していると言えよう。

（藤田 渡）

村の台所で食事の準備をする子供たち
（ウボンラーチャターニー県）

ケーン
カレー料理

　　　　　　　　　　ケーンとは、ふつう「タイカレー」と訳される料理です。
　　　　　さまざまな香辛料をまぜあわせてペースト状にしたものと具材を煮込みます。
　　　普段の生活では「今日のケーンはなに？」とその日のおかずを尋ねあうなど、
　　　　　　　　　　　　タイ料理の中心と言ってもよい料理です。
　　　　　　　　　ペーストの材料や具材によって多種多様なものがあります。
　　　　　日本人にとってもなじみの深いグリーン・カレーやレッド・カレーだけでなく、
　インド風に乾燥スパイスを多用したもの、ココナツミルクを用いない、野菜たくさんのものもあります。
　　　　　　バンコクを離れ、地方へ行くと、各地域ごとに独特のケーンがあります。
　北部や東北部では、「プラー・ラー」という川魚の塩辛をベースにした、ココナツミルクを入れないケーン
　が中心です。北部では乾燥香辛料を用いるのに対し、東北部ではもっぱら生の香味野菜を使います。
　　　　キノコやタケノコ、山菜といった「山の幸」がふんだんに具材にとり入れられています。
　南部では、「ケーン・タイプラー」や「ケーン・リエン」が有名です。いずれも、魚の塩辛が味のベース
　となりますが、こちらは海の魚です。南部の料理は「ケーン」に限らず、とにかく辛いのが特色です。
　　　　　　また、他の地域に比べ、塩味や苦味が強く濃厚な印象があります。
　　こうして、タイでは、毎日、食卓でレストランで、さまざまなケーンが食べられているのです。
　　ここでは、この中から、日本でも手に入る材料で作ることのできるケーンを6種類紹介します。
　　　　　おなじみのココナツミルクを使ったケーン、タマリンドの酸味が独特のケーン・ソム、
　　　　　　北部料理で野菜いっぱいのケーン・ケーなど、いろいろな種類を取り合わせました。

＜左頁上段＞ヘット・コーン・ノーイと呼ばれるキノコの一種（バンコク　オー・トー・コー市場）
＜同下段左＞タケノコの一種（チェンマイ　トン・パヨーン市場）
＜同下段右＞プリック・キー・ヌー（トウガラシの一種）の木（チェンマイ　サンカヨーン村）
＜右頁＞ヤンナワー寺院（バンコク　ニューロード）　撮影PK

ケーン・ペット

レッド・カレー

レッド・カレーペーストと
ココナツミルクをベースにしたカレーです。
文字通り訳せば、「辛いカレー」という意味です。
乾燥トウガラシを入れたレッド・カレーペーストの
深みのある辛さと、ココナツミルクのまろやかさが
あいまったコクのある味が特徴です。
タイでは、家庭で、食堂で、市場で、
ごく普通に食べられていますし、
タイ料理店の定番メニューですから、
日本人にもなじみの深い料理のひとつでしょう。

ラッカナーのひとりごと

タイではどんな街にもそこかしこにいろんなおかずを並べた一膳飯屋があります。そこで必ずあるのが、このケーン・ペットです。腕の良し悪しにかかわらず、カレー・ペーストのかおりとココナツミルクの甘味が食欲を誘ってくれます。アツアツを、汗をふきふきほおばります。このあたりまえのケーン・ペットにナムプラーをちょっとと、生トウガラシを少しかけてみると、あら不思議！フレッシュなかおりがふわっと鼻をくすぐり、なんとも魅力的な一皿に変身してしまいます。

■材料（7〜8人分）
鶏モモ肉　2枚 / 約500g
タケノコ（水煮）2個 / 約500g
赤パプリカ　6個
黄パプリカ　1個
シシトウ　1袋
スイートバジル　少々
バイ・マクルート　20枚
ココナツミルク　1缶（400ml）
レッド・カレーペースト
　　　　大さじ4〜5
ナムプラー　大さじ4弱
三温糖／砂糖　大さじ4〜5
水　4カップ

●準備
①鶏モモ肉を一口大に切る。
②水煮タケノコは縦半分、一口大に切り、水にさらした後、ざるにあげて水分をきる。

③赤、黄パプリカは縦半分、約1センチ幅に細長く切る。シシトウも同様。すべて水にさらす　秘訣❶。しばらくおいて水分をきる。
④バイ・マクルートの中軸を取り除いて、あらくちぎる。

⑤ココナツミルクの缶をあけて、固形部分と水の部分に分けておく。

●作り方
①中華鍋にココナツミルク缶から固形分だけを入れ、弱火で煮詰める　秘訣❷。油脂が分離してくる　秘訣❸。
②①にレッド・カレーペーストを大さじ4〜5入れて中火にし、ゆっくりと炒める。ブツブツと音がし、よいにおいが立ち、表面に赤い透明な油分が浮いてくる。
③②を強火にし鶏肉を入れ、肉の脂が出るまで炒める　秘訣❹。ペーストを鶏肉にまぶす感じ。
④③を中火にし、切ったタケノコを入れてさっと混ぜる。三温糖大さじ山盛り4を入れて混ぜる。ナムプラー 50〜60ccを入れて、さっと混ぜる。
⑤グツグツしてきたら、残りのココナツミルク全部を入れ、さらに缶に2カップほどの水を鍋のまわりから加える。火を弱火にする。
⑥アクを時々取る。途中、水を2カップほど加え、あらくちぎったバイ・マクルートを入れる。
⑦細切りのパプリカ、シシトウを入れ強火にし、二呼吸ほどおいて火を止める　秘訣❺。

①

③

⑤

⑦

秘訣
❶水にさらし、種を落としながら野菜を洗います。
❷ミルクの水分まで入れると水分が蒸発するので後で使います。水を加える量を少なくすることで味を濃くすることができます。
❸プツプツと音がして、表面に油分が出てくる感じです。鍋はあまりかき混ぜないことがポイントです。
❹脂が出ることで、鶏肉の生臭さが取れます。
❺野菜の色が変わらないよう強火にしましょう。

基本
ココナツミルク、レッド・カレーペースト、ナムプラー、三温糖が調味の基本。バイ・マクルート（コブミカンの葉）、スイートバジルで香りをつけます。材料は、牛・豚・鶏のほか、白身魚もよいでしょう。肉類の場合は野菜を入れましょう。

もう一工夫
牛肉にはシシトウが合います。鶏・豚肉にはタケノコ、ナス、インゲンがおいしいでしょう。ほかにもいろいろと試してみてください。

ケーン・ペット

ケーン・キアオワーン

グリーン・カレー

グリーン・カレーペーストとココナツミルクを
ベースにしたカレーです。
乾燥トウガラシを入れたレッド・カレーペースト
に対して、グリーン・カレーペーストは、
青い生のトウガラシを使います。
その分、辛さは控えめで、
生トウガラシのフレッシュな香りが際立ち、
ややおだやかな味になります。
ケーン・ペット同様、タイ料理の定番として、
日本人にもなじみ深い料理のひとつです。

■材料（7～8人分）
鶏モモ肉　3枚（700～800g）
ナス（大）　3～4本
シシトウ　1袋
赤パプリカ　1～2個
黄パプリカ　1～2個
バイ・マクルート　10枚
グリーン・カレーペースト
　　　　　　大さじ4～5
ココナツミルク　1缶(400ml)
ナムプラー　大さじ4
三温糖　大さじ7～8
水　4カップ

●準備
①鶏モモ肉を一口大に切る。
②ナスは縦半分に切って、乱切りにする。

③シシトウ、パプリカは縦半分に切り、約1センチの細切りにして水にしばらく浸し、ざるにあげて水分をきる。

④バイ・マクルートは中軸を取り除いて、あらくちぎる。

●作り方
①中華鍋にココナツミルク缶の固形分を入れて、弱火で煮詰める。油脂が分離してくる。
②①にカレーペーストを入れて中火にし、ゆっくりと炒める。ブツブツと音がしはじめ、よいにおいが立ち、表面に透明の油分が浮いてくる。

③②を強火にして鶏肉を炒める。鶏肉の脂が出るまで炒める。ペーストを鶏肉にまぶす感じ。
④中火にして、三温糖大さじ5、ナムプラーを入れて混ぜる。
⑤④がグツグツしてきたら、残りのココナツミルク全部、水2カップを入れて15～20分煮る。
⑥ナス、バイ・マクルートを入れて5分ほど煮る。
⑦水約2カップ、残りの三温糖大さじ2を入れて、さらに煮込む。
⑧ナスがやわらかくなったら、パプリカとシシトウを入れ強火にし、二呼吸ほどおいて火を止める。

③

④～⑤
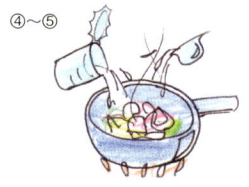

⑥～⑦

⑧

秘訣
基本的にケーン・ペットと同じ作り方です。

基本
ココナツミルク、グリーン・カレーペースト、ナムプラー、砂糖が調味の基本です。さらに、バイ・マクルート（コブミカンの葉）、スイートバジル、シシトウで香りをつけます。主となる具材には、ここで紹介した鶏のほか、牛、豚、練りカマボコなどもいいでしょう。野菜は、ナスは必ず入れましょう。

もう一工夫
鶏肉には、ここで紹介したナスのほか、ニンジンでもよいでしょう。豚肉の場合もやはりナスかニンジン、牛肉の場合はナスが合います。

ケーン・キアオワーン

パネーン

牛肉のレッド・カレー風煮込み

ケーン・ペットと同様、
レッド・カレーペーストとココナツミルクを
ベースに、牛肉を煮込む料理です。
「カレー」より、肉の割合が多く、
汁気が少なくなります。
また、「カレー」より少し贅沢な、
おもてなし料理としてよく作られる一品で、
どちらかというと、一膳飯屋さんよりは、
レストランのメニューでよく見かけます。

■材料
牛肉薄切り　約700〜800g
ココナツミルク　1缶（400ml）
レッド・カレーペースト　大さじ3
三温糖　大さじ山盛り3〜4
ナムプラー　80〜90cc
ピーマン　1個
赤パプリカ　1個
バイ・マクルート　10枚　秘訣❶
水　2カップ

●準備
①牛肉を5〜6センチに切る。
②ピーマンは約1センチの細切り、バイ・マクルートは中軸を取り除いてあらくちぎる。

●作り方
①中華鍋にココナツミルク1/2缶を入れて、強火にかける。沸騰する前に牛肉を入れてグツグツ煮る。
②別のフライパンにココナツミルク1/4缶（固形部分）を入れて弱火にかけ、油分が分離してきたらレッド・カレーペーストを入れて中火にし、油分が浮くまでゆっくりと炒める　秘訣❷。
③①の中華鍋に②のペースト、ココナツミルクの残り1/4缶、水2カップを加える。

④③に三温糖大さじ山盛り3、ナムプラー80〜90ccを加え、弱火で煮込む。
⑤④にピーマン、赤パプリカ、バイ・マクルートを入れてさっと煮る。

①

②

③

④

秘訣
❶生のバイ・マクルート（コブミカンの葉）が手に入らない場合は乾燥を利用します。使う前に必ず水にもどしましょう。
❷カレーペーストの炒め方は、ケーン・ペットと同じ要領です。

基本
ココナツミルク、レッド・カレーペースト、ナムプラー、砂糖が調味の基本です。ケーン・ペットよりもっとシンプルに、かおりつけはバイ・マクルートだけです。牛肉そのものが中心の料理なので、彩りにピーマンを少量入れます。

バイ・マクルート

パネーン　19

ケーン・パー

"森のカレー"

文字通り、
「森(パー)」の「カレー(ケーン)」です。
「森の中ではココナツミルクは手に入らないだろう?
だからケーン・パーと言うんだ」
と、タイの友人に教わったことがあります。
ココナツミルクを入れない代わりに、野菜をたくさん使った
「煮物」イメージ、あっさり味の一品です。
実はタイ料理には、ココナツミルクを入れない
「煮物」のような「カレー(ケーン)」が
ほかにもたくさんあります。
その中でも、「ケーン・パー」はポピュラーな一品です。

カピ(エビのペースト)

■材料
豚モモかたまり　200g
タケノコ水煮　1個（200〜300g）
インゲン　1/2袋
エリンギ　3〜4本
ナス　大2本
ピーマン　2〜3個
ミョウガ　2個
ヤシ砂糖　大さじ2　秘訣❶
ナムプラー　大さじ3
水　6カップ

＜ペースト用＞
レモングラス　2本
バイ・マクルート　3枚
乾燥トウガラシ　4〜5本
ニンニク　2片
赤小タマネギ　3個　秘訣❷
カピ　大さじ1
米　大さじ1
塩　少々

●準備
①ペーストを作る。レモングラスは小口切り、バイ・マクルートは中軸を取り除き、ニンニク、赤小タマネギは皮をむく。
②①の材料、カピ、米各大さじ1、塩少々をフードプロセッサーに入れてペーストを作る。

③材料を切る。豚肉は一口大、タケノコは一口大に切り水にさらす。インゲンは約3センチの長さ、エリンギは太い部分は四つ割りにして、約4センチの長さに切る。ナスは縦半分に切って約4センチ幅に切り、ピーマンは乱切りにする。ミョウガは薄切りにする。

●作り方
①水6カップを鍋に入れ火にかける。温かくなったらペーストを入れる。
②沸騰したら豚肉を入れて20〜30分煮る。
③タケノコ、ナスを入れて煮る　秘訣❸。さらに、インゲン、キノコを入れ、ピーマンを加える。
④ヤシ砂糖、ミョウガ、バイ・マクルートを入れて煮込む。
⑤ナムプラーを入れて調味する。

秘訣
❶ヤシ砂糖が手に入らないときは、三温糖を使います。
❷タイでホーム・デーンと呼ばれる赤小タマネギは、東南アジア全域で使われています。日本で普段使うタマネギで代用してください。ホーム・デーン5個を中くらいのタマネギ半個の目安にしましょう。
❸煮えるのに時間がかかる野菜から入れて下さい。

基本
レモングラス、バイ・マクルート（コブミカンの葉）、ニンニク、タマネギ、カピ（エビペースト）、乾燥トウガラシなどで作るペーストと、ナムプラー、砂糖が味の基本です。具材は、肉類として豚肉か牛肉、それにレシピのようないろいろな野菜を入れます。

ケーン・パー

ケーン・ケー

野菜いっぱいのカレー

ケーン・パーと同じく、
ココナツミルクを入れない「カレー」で、
チェンマイを中心とする北タイの郷土料理です。
名前の由来は、地元で「パック・ケー」
と呼ばれる野菜を使うことによるそうです。
現地では、ペーストとしてプラー・ラー(魚の塩辛)を、
材料には北部の山々でとれる山菜やキノコを、
かおりつけに、「マクウェーン」と呼ばれる
ソバの実状の独特なかおりの乾燥木の実を使います。
このように、チェンマイの自然と一体の料理ですが、
ここでは、日本の材料を使って、
できるだけ本場の味に近い味を再現してみました。

ラッカナーのひとりごと

ケーン・ケーは北部タイの料理です。この料理の魅力はいろいろな野菜が入っていること、しかも野や山からの個性的な摘み草を使うため、出来上がる料理もさまざまな味、においが楽しめることです。私は日本に住んだことで新しいケーン・ケーを発見しました。もともと、日本の野菜といえばダイコンやニンジンと思っていましたが、市場に行ってとてもワイルドな野菜に出会ったのです。生のタケノコ、幾種類ものキノコ、ミョウガ、ワラビやフキなどです。ケーン・ケーはタイの自然を楽しみ、感じる料理、それは、山菜が豊かな日本でも同じことですね。

■材料（7～8人分）
鶏モモ肉　1枚（約200～300g）
マイタケ　1袋
サヤインゲン　1袋
ワラビの水煮　1袋
ミョウガ　2袋
タケノコの水煮　2袋
シシトウ　1袋
ナス　2本
高菜（生）　1/2袋
人参菜　1/2袋
ナムプラー　大さじ3
水　約2カップ
油　適量

＜ペースト用＞
乾燥トウガラシ　3～4本
ニンニク　3～4片
タマネギ　1/4個
カビ　大さじ2
プラー・ラー　大さじ1 1/2
マクウェーン　大さじ1 1/2

●準備
①鶏モモ肉は、一口大に切る。
②野菜を切る。マイタケは、ざく切り。サヤインゲンは、筋を取って食べやすいように斜め切り、水煮のワラビは半分に切り、ミョウガは千切り、タケノコは短冊切りにする。シシトウは約1センチの細切り、ナスは縦半分に切って約5ミリ幅の斜め切り、高菜と人参菜は長さ約3センチのざく切りにする。

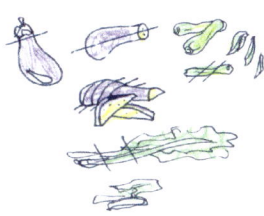

●作り方
①ペーストを作る。タマネギは1センチ角くらいにざく切り。ニンニクの根を切り落とし皮を取る。これらに、乾燥トウガラシ、カビ、（手に入ればプラー・ラーを　秘訣❶）フードプロセッサーに入れて細かくする。
②中華鍋に油を入れて熱くして、①のペーストを入れ混ぜる。
③鶏肉の1/3量を少しずつ入れ炒める。
④タケノコの1/3量を入れて炒める。次に他の野菜も1/3量ずつ入れて炒める。まず、インゲン、ナスを入れて炒め、次に高菜、人参菜、それからキノコ類、さらにワラビとシシトウ、最後にミョウガを入れて炒める　秘訣❷。
⑤水約大さじ2強を注ぐ。
⑥ナムプラー大さじ1を入れて混ぜ、水約大さじ2強を加える。マクウェーンを入れる　秘訣❸。
⑦③～⑥をあと2回繰り返す。最後にナムプラーで味を調整する。

①

②

③～④

秘訣
❶プラー・ラーは日本では入手が難しいので、なくてもいい。
❷野菜を少しずつ炒めることでお互いの味がうまく調和してきます。
❸マクウェーンの入手は難しいので入れなくてもいい。手に入った場合でも、人によってはにおいがきついため、息苦しくなったり、お腹をこわしたりすることがあるのでご注意を。

基本
ニンニク、タマネギ、乾燥トウガラシ、カビで作るペーストが味の基本です。もし、プラー・ラー（魚の塩辛）が手に入るようでしたら、ぜひ入れてみてください。きついにおいがしますが、これで一味も二味も違ってきます。

もう一工夫
野菜がたくさんの料理です。野菜は、比較的水分が少なく、「山のかおり」の強いものが向きます。日本で手に入るものではこのレシピの組み合わせがベストです。肉類は、鶏肉のほか、豚肉、牛肉でもいい。

ケーン・ケー

ケーン・ソム

タマリンド入り酸っぱいカレー

甘酸っぱいタマリンドをベースにしたカレーで、
これも、ココナツミルクを使いません。
タマリンドは、タイの農家では
必ずと言ってよいほど庭先に植えてある樹で、
果実を食用にします。おやつ向けの甘い種類と、
調味料用の酸っぱい種類があります。
レッド・カレーペーストに、
酸っぱいタマリンドの熟した実をほぐし入れ、
川でとれた魚と、菜園の大根や白菜、
また庭先のケーの花を入れたケーン・ソム。
そのちょっとどろくさいにおいが、
平原に広がる水田の仮小屋に誘います。

ラッカナーのひとりごと

私にとってはエイリアンのような料理です。もともと中部タイの田舎の料理なので、北部タイのチェンマイが故郷の私は、この料理の真髄に触れる機会がなかったのです。はじめて食べたケーン・ソムは青パパイヤを使った最悪の一品。ソムは酸っぱいのが特徴なのに、超甘すぎという出会いがたたって、その後ずっと遠ざけていました。ところが、数年前、アユタヤの友達のお家のケーン・ソムを食べて一変。酸っぱくて、辛くてほどよい甘さにほーっと。ポイントは甘くないこと、暑い時に食べることです。辛くて酸っぱいケーン・ケーを食べると、汗が出てその後体が軽くなりますよ。

■材料
ブリの切り身　2切れ
白菜　3枚
大根　1/4本
タマネギ　1/4個
干しエビ　大さじ2
タマリンド　大さじ山盛り1
ケーン・ソム・ペースト　大さじ2
ナムプラー　大さじ2
ヤシ砂糖（三温糖）　小さじ1
水　5カップ

●準備
①タマネギはざく切りにする。
②干しエビはお湯でもどす。
③大根は約2センチの厚さに輪切りにして、皮をひとむきし縦十文字に切る。
④白菜は幅4〜5センチに切る。
⑤タマリンドは200ccのぬるま湯に入れ、手でもみほぐす。

●作り方
①中鍋に3カップの水を入れ、強火にかけて、ケーン・ソム・ペーストを入れスプーンでつぶすように溶かす。

②沸騰直前に干しエビとタマネギを入れる。中火にする。10分ほど煮込む。アクは取らない。
③大根を入れ強火に。約8分後、水1/2カップ、さらに5分後水1/2カップを加えて5分ほど煮る。
④魚は切り身のまま入れる。魚の上から煮汁をかける。ずっと強火。魚に火が通ったら中火にして約5分煮込む。
⑤白菜を入れて、しなっとなったら（約5分後）水を1カップ入れる。火は中火のまま。
⑥弱火にして、ヤシ砂糖または三温糖を小さじ1入れ、さっと混ぜる。
⑦タマリンドの汁をこしながら入れ、弱火で少し煮込む。

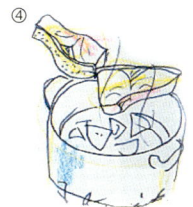

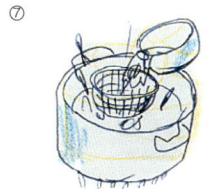

秘訣

自家製ケーン・ソム・ペーストも簡単に作れます。以下の材料をフードプロセッサーにかければ出来上がりです。
カピ（エビペースト）　大さじ1
乾燥トウガラシ　7〜8個
ホーン・デーン
（赤小タマネギ）　5個
または中タマネギ　半個

基本

何と言ってもタマリンドが味の基本です。タマリンドの入手が難しい場合、市販の「ケーン・ソム用ペースト」を用います。

もう一工夫

魚は何でもよいですが、このレシピのようにブリかサケを使う場合、大根と白菜の両方を入れます。白身魚の場合、野菜は大根のみでもかまいません。白身魚のアラで作るのもよいでしょう。それ以外の魚の場合、野菜は白菜だけにして、最後、火を止める直前に野菜を入れます。

タマリンド

雨が好きな人　ラッカナー・パンウィチャイ

私は雨が好きだ。特に、乾ききった乾季の大地に染みこむ年はじめの雨。

雨は、土のにおいをかきたてる。このにおいを想像できない人は、土を丸めて焼き、水に放りこんでみるといい。似たようなにおいが立ち上がるだろう。また、素焼きの水がめの水を飲んだことがある人は、焼いた土のにおいが水をおいしくすることを知っているだろう。

雨は、さまざまな食べ物の生命の元でもある。雨が大地に染みはじめると、植物や野菜は眠りから覚める。芽吹き、育ち、私たちにその恵みを与えてくれる。雨季になると、チェンマイの私の家の庭先は、おいしいものでいっぱいになる。

どこにでも生えているタムルン（ヤサイカラスウリの幼芽）は言うに及ばない。クラティン（ギンネムの幼芽）も青々と茂っている。乾季の、しおれた葉を抱えたご機嫌斜めの樹とはまるで別人のようである。プリック・キー・ヌー（トウガラシの一種）も、そこかしこに生えている。気づかない間に小さな幼い実をいっぱいにつけたのだ。そのやわらかい新芽を摘んでザク切りにし、水の中で搾り、青くささを取る。それを溶き卵と混ぜ、ちんちんに熱くした中華なべに放り込む。トウガラシの葉入り玉子焼は、最高においしい。

ナス、いろいろな種類のものがあり、1月もすると実をつける。タケノコ、なかなか簡単には出てきてくれない。私は、タケノコを食べるのと同じくらい、探し歩くのが好きだ。どこに出ているのだろうと探しながら歩くのである。親指程度のものが出ているのを見つけたら、毎日、そこに行く。いつになったら、ちょうど食べごろの大きさに育つだろうかと心待ちにして。

一番好きなタケノコは、ノマイ・ライ。プリック・チーファー（トウガラシの一種）と雷魚の焼いたのと一緒にケーン（煮物）にする。魚の塩辛のプラー・ラーをたくさん入れるのが特に好き。そこに、メーンラック（バジルの一種）の葉を散らす。あつあつのもち米といっしょに食べる。何ものにも代えられな

いおいしさだ。

　雨は、時に我が家の庭に奇跡をもたらす。ある朝、いつものように庭先に食べ物を探しに行った時、目の前の光景にびっくりして声も出なかった。草ぼうぼうのはずの庭は、一面、真っ白のキノコの園。天の川が夜の間に空から降って来たのかしら、と思ったほどだ。ヘット・カーオ・トックというキノコ。白く、花びらのように小さく、薄くやわらかだ。興奮しながら、走っておばあさんを呼んだ。おばあさんもびっくりしていた。めったに見られないからだ。近所の友達も数人呼んでいっしょに採った。ほとんど1日がかりで全部採った。その晩、天の川は、なべの中に納まった。

　これ以外に、ボーン（ズイキ）もあるし、パック・ナーム（ミズヤツデ）もあるし、カボチャの幼芽、パックウェン（水草の一種）、カー（タイショウガ）の幼芽もたくさん出てくるのでゆでてナムプリックにつけて食べる。この季節は、なんでもかんでも食べられる。幸せだ。

　もうひとつ、この季節に楽しいのは、コオロギ捕り。どこにコオロギの穴があるか見つけるのはそれほど難しくない。誰かが盛ったような、小さな盛り土ができているからだ。手でなぞると、指の入る場所がわかる。そこを掘る。子供のころ、私はおとうさんのコオロギ捕りについていくのが好きだった。おとうさんが捕まえると、草をコオロギの首のところに結わえて、ぶらぶらさせながらついていく。1日で、何十匹も捕まえることもあった。

　食べ方は、とびっきり贅沢。粉と卵をつけて揚げる。世界一のテンプラである。これをナムプリック・カピと一緒に食べる。うーん、おいしい。

　雨が好きなのは、おいしいものを運んでくれるからだけではない。雨上がりの樹は色鮮やかで、魅力的に見える。これほど美しい緑はない。そして、虹は言うまでもない。

撮影FUJITA・PY

パット
炒めもの

中華鍋で作る炒め物と聞くと、中華料理じゃないの？と思われる方も多いかもしれません。
でも、そこはタイ人。もとは中華だったのかもしれませんが、
今ではすっかりタイ料理にしてしまっています。
ナムプラーのにおい、生トウガラシやバジルの強烈なかおり、
具材に使う肉、魚介、野菜も豊富です。
ここでは、普段のお惣菜として、道端の屋台でさっと炒めてくれるような料理、
ちょっとしたおもてなしには、ちょっと贅沢な材料を使ったものをとりまぜてみました。
味付けも、「辛いのは苦手」という人でも大丈夫なトウガラシを使わないマイルドな6品、
「エスニック好き」も満足の鮮烈な辛さとかおりの3品を紹介します。

＜左頁上段左＞インド人の香辛料専門店には、薬屋のようにいろいろな香辛料が並んでいる。八角、シナモンスティック、玉杓子の中は珍しい香辛料のマクウェーン（チェンマイ　ワローロット市場）
＜同上段右＞「パック・ケーン・ケー」と呼ばれるケーン・ケー用の野菜セット（同上　トン・パヨーン市場）
＜同下段＞バンコクの北部にあるちょっと高級な市場オー・トー・コー市場のお惣菜は、料理の内容も盛り付け方もすこぶる美しい。手前3品がパット・ペット、炒めものである（バンコク　オー・トー・コー市場）
＜右頁＞チェンマイの家庭でごく普段に使う香辛料。上段右端から時計回りにメット・パクチー＜コリアンダーの種＞、ディー・プリー＜つる性植物香辛料の実＞、プリック・ラープ＜ラープ用の香辛料＞、マクウェーン（ラッカナー自宅のキッチン）

パット・ブロッコリー・ムー・クロップ
ブロッコリーとカリカリに揚げた豚バラ肉の炒めもの

豚バラ肉に塩をまぶして中華鍋に入れ火をかける、
肉から脂がにじみ出て、カリカリになる、
これが「ムー・クロップ」です。
そして「パック・カナー（カイラン菜）」と炒めるのが
「パック・カナー・ムー・クロップ」です。
店先に並べた材料で客の注文に応じ
炒め物やスープ類をさっと作ってくれる、
「アハーン・ターム・サン（ご注文に応じます）」
という看板を掲げた食堂や屋台の定番メニューのひとつです。
ここでは、ブロッコリーをパック・カナーに見立てて作ります。
肉の香ばしさ、ブロッコリーの歯ごたえ、オイスターソースの風味が
食欲をそそります。

■材料
豚バラ肉かたまり　300g
ブロッコリー　2株
白菜　5〜6枚　秘訣❶
ニンニク　1片
醤油　大さじ2
胡椒　適量
小麦粉　適量
油　適量

＜味付け用＞
オイスターソース　大さじ1弱
醤油　大さじ1弱
ナムプラー　大さじ1強
味噌　小さじ2
三温糖　小さじ1
胡椒　少々

●準備
①豚肉を厚さ1センチ、長さ3〜4センチの短冊切りにする。ボウルに切った肉、醤油大さじ2、胡椒を入れて手でよく揉みこむ。
②ブロッコリーは一口大の大きさに、茎は皮を厚めに取り除いて短冊状に切る　秘訣❷
③ニンニクは輪切りにする。
④豚にたっぷりの小麦粉、約大さじ3をまぶす　秘訣❸

●作り方
①中華鍋に油を入れて熱する。
②油が熱くなったら、小麦粉のついた豚肉を入れて、茶色くカリカリになるまでしっかり揚げる　秘訣❹
③②の中華鍋をさっと洗って油を1センチほど敷き、強火にかけてニンニクの薄切りを入れて炒める。
④ニンニクが茶色になったら、ブロッコリーを入れて炒める　秘訣❺
⑤オイスターソース、醤油、味噌、三温糖、ナムプラーを入れて混ぜ、胡椒を加えて味を調える。
⑥最後に揚げたカリカリの豚肉を入れて、さっと混ぜる。

②

③

④

⑤

秘訣
❶本来はブロッコリーを使いますが、ブロッコリーの高い季節には白菜で代用できます。日本の冬の白菜はシャキシャキ感があっておいしく経済的でおすすめです。
❷ブロッコリーは油通しをすると色がきれいになります。
❸揚げる直前に小麦粉をたっぷりつけるとカリッと仕上がります。お手本は、120頁中扉写真にあるムー・クロップです。家庭ではこのようにはできませんが…。
❹最後にしっかり油を切ることが、うまくできるコツです。
❺ブロッコリーを炒める時は、ずっと強火にしてください。

基本
ムー・クロップを作る手順を除けば、一般的な炒め物と同様に、ニンニク、オイスターソース、ナムプラー、醤油、砂糖が味の基本です。

もう一工夫
ブロッコリーのほか、ナバナ、カリフラワー、サヤインゲン、ホウレンソウでも作れます。ホウレンソウの場合、湯がかず、さっと炒めるようにしてください。

パット・トゥア・ランタオ・クン

キヌサヤとエビの炒めもの

エビを使った炒めものです。
小さいエビで経済的に作れます。
タイでは日本向けのブラックタイガーの養殖が盛んで、
輸出に回らない小型のエビが
炒めものや焼飯の具材用に広く普及しています。
魚介類と野菜であっさりした炒めものを、
という時におすすめです。

■材料
エビ（ブラックタイガー）　20尾
ニンニク　3片
キヌサヤ　3袋
オイスターソース　大さじ2
醤油　大さじ1強
ナムプラー　大さじ1強
胡椒　適量
油　適量

●準備
①エビは殻を取り背割りする。
②ニンニクはスライスにする。
③キヌサヤはすじを取る。

●作り方
①中華鍋に油を入れて強火で熱し、ニンニクをさっと炒める。
②ニンニクに油がまわったところで、キヌサヤを入れ、同様に油がまわったところでエビを加えて炒める。
③エビの色が赤く変わったら、オイスタソース、醤油、ナムプラーを入れて混ぜ、最後に胡椒で調味する　秘訣。

秘訣
キヌサヤのシャキシャキ感が残るように、手早く炒めましょう。

基本
ほかの炒めものと同様、ニンニク、オイスターソース、ナムプラー、醤油、砂糖が味の基本です。

もう一工夫
キヌサヤのほか、アスパラガスやブロッコリーでもいいでしょう。

■材料
ニンジン 中1本
チンゲンサイ 2株
キヌサヤ 1袋
ベビーコーン 1袋/1瓶
生シイタケ 4〜5枚
エノキタケ 1袋
ニンニク 5片
オイスターソース 大さじ1½
醬油 大さじ1弱
ナムプラー 大さじ1½
三温糖 大さじ1½
胡椒 適量
油 適量

●準備
①ニンジンは長さ約5センチの短冊切りにする。
②チンゲンサイは根元約1センチを切り落とし、長さ5〜6センチにざく切り、茎と葉に分け水にさらす。キヌサヤはすじを取って水にさらし水分をきっておく。
④ベビーコーンは瓶から出して水分をきっておく。
⑤生シイタケは石づきを落とし、幅3ミリに切り水にさらす。エノキタケは根元を切り落としほぐしておく。
⑥ニンニクは皮を取って、あらくみじん切りにする。

●作り方
①中華鍋を強火にかけて熱し、油大さじ3を入れてニンニクを炒める。
②ニンジンを入れてさっと混ぜ、キヌサヤ、チンゲンサイの根元、生シイタケ、ベビーコーンを次々と入れて炒める。野菜に火が通ったところで、オイスターソース、三温糖、醬油、ナムプラーを入れて混ぜる。
④チンゲンサイの葉の部分とエノキタケを入れて、さっと炒める。
⑤火を止めて胡椒を入れて混ぜる。

「パット・パック・ルアムミット」とは、「ミックス野菜炒め」という意味です。タイの家庭では、よく、手元にある野菜を少量のお肉などとさっと炒めて簡単な一品にします。
ここでは、レストラン風に、いろいろな野菜を彩り豊かに炒めてみました。ナムプラーとオイスターソースがタイのかおりを醸し出します。

パット・パック・ルアムミット

ミックス野菜炒め

カイ・ヤット・サイ

タイ風オムレツ

タイ風のオムレツです。
豚ひき肉と野菜を炒めて具を作り、
薄く焼いた卵で包みます。
ただし、ナンプラーやオイスターソースで
しっかり「タイ風」の味に仕上げます。
タイでは、溶き卵の中にあらかじめ調味料や
材料一切を混ぜ込んで、大量の油で揚げるように焼く
「タマゴ焼き」が屋台や食堂のメニューなのに比べ、
この「カイ・ヤット・サイ」は、
少し上品なレストランのメニューです。
辛さやきついかおりのしない、
やさしい味の一品が欲しい時に最適です。

■材料
豚ひき肉 250g
ニンジン 1本
タマネギ 半個
トマト 1個
ニンニク 5片
グリーンピース 300g

＜中身の味付け用＞
オイスターソース 大さじ2
ナムプラー 大さじ2
醬油 大さじ1
三温糖 大さじ3
胡椒 少々
油 適量
タマゴ 2個（1枚分）

●準備
①ニンジンは幅1センチの輪切りにして、短冊切り。タマネギはみじん切りにする。
②トマトは5～6ミリのあられ切りに切る。
③ニンニクはみじん切りにする。

●作り方
①中華鍋を強火で熱し、油を入れる。
②熱くなってきたら、ニンニクとひき肉を入れて炒める。
③強火のままでニンジンとタマネギを入れて炒め、グリーンピース、三温糖を入れて混ぜる。
④オイスターソース、ナムプラー、醬油で味をつける。
⑤火を止め、トマトを入れて混ぜ胡椒で味を調えた後、皿にあけてさます。
⑥タマゴ2個はナムプラーを少々入れ混ぜて溶きほぐす。
⑦フライパンに多めの油をひく。
⑧油が熱したらタマゴを入れてさっとひろげ弱火にする。
⑨タマゴの中央に⑤の具を約大さじ4～5おき、具を包むように両端から折りたたむ（四角にする）。
⑩フライパンより小さいお皿をかぶせひっくり返す。
⑪タマゴの中央に十文字に切り込みを入れる。付け合わせとして塩ゆでしたニンジンとインゲン等を添える（材料とは別）。

基本
具の味付けは炒め物と同様に、ニンニク、オイスターソース、ナムプラー、醬油、砂糖が基本です。これを、普通のオムレツのように薄焼きタマゴで包むのです。

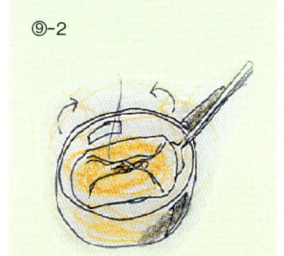

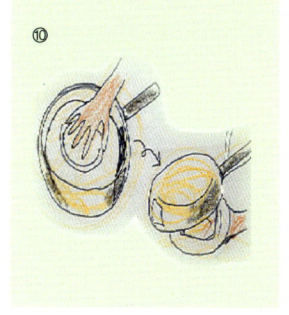

カイ・ヤット・サイ

パット・テーンクワー

キュウリとタマゴの炒めもの

「パット・テーンクワー」とは、
文字通り「キュウリ炒め」という意味です。
キュウリを炒めものに入れる、というと
違和感があるかもしれませんが、
タイではごく普通の炒めもののひとつです。
こってりした豚バラ肉、
キュウリのシャキシャキ感、
それにタマゴのふわっとした食感の
調和が食欲をそそります。

ラッカナーのひとりごと

この料理はとっても簡単。小学生でも作れる一品です。疲れていて何も作りたくない、でもコンビニのお弁当もいやな時、白いごはんとこの料理はお勧めです。白いごはんを炊き、ニンニクを炒めると台所にタイ風おふくろの匂いが漂いはじめます。キュウリの甘さ、ニンニクのかおり、タマゴの色のコンビネーションが、白いごはんと味噌汁にとってもよく合います。

このおいしくて簡単な料理を疲れた時のシンプルディナーに提案します。目にも美しく、舌に爽やかなこの料理は、きっとあなたに幸福な時を与えてくれるでしょう。

■材料
豚バラ肉薄切り　100ｇ
キュウリ　3本
ニンニク　6〜7片
タマゴ　2個
オイスターソース　大さじ1½
ナムプラー　小さじ1
三温糖　小さじ1
胡椒　適量
油　大さじ2〜3

●準備
①豚バラ肉は一口大に切る。
②キュウリは4〜5ミリ厚さの斜め切りにする。水にさらし、しばらく置いて水をきる。
③ニンニクは根元を切り落とし、薄皮を半分ほどとる　秘訣❶。
包丁の根元で押しつぶして、半分に切る。

●作り方
①中華鍋を強火にかけて熱くする。油を入れ、ニンニクを焼いて色がつくまで炒める。
②バラ肉を入れて炒める。
③肉を寄せ、中華鍋を少し斜めにして、油のあるところにタマゴを割り入れ、少し置いてから、やさしく切るように混ぜる　秘訣❷。
④キュウリを入れてさっと炒める。
⑤オイスターソース、三温糖、ナムプラーを入れて味を調える。
⑥火を止めて、胡椒をたっぷりと振り入れる。

秘訣
❶ニンニクのかおりが味の決め手。皮がとても良いかおりを作ります。
❷目玉焼ができる途中で混ぜる感じです。

もう一工夫
ほかの炒めものと同じく、ニンニク、ナムプラー、オイスターソース、醬油、砂糖が味の基本です。豚肉は、バラ以外の部位を使えば、あっさり目の味になります。

パット・テーンクワー

プー・パット・ポン・カリー

カニのカレー粉炒め

最近、タイでますます増えているシーフード・レストラン。
その定番メニューがこれ。
しかも、この料理だけは、タイ・オリジナル。
よその国のシーフード・レストランではお目にかかれません。
「カレー粉炒め」という割には、スパイスはきつくなく、
タマゴベースのソースとカニミソが混ざって、
とろけるようなマイルドな味になります。
この「汁」をご飯にかけると絶品。
ここでは、タイで広く使われているワタリガニではなく、
ズワイガニを使います。
結果は、当然「タイよりうまい」ことになりました。

ラッカナーのひとりごと

これは普段の家庭料理ではありません。レストランで食べる難しそうに見える料理です。重要な味付けはカレーパウダー。ご存じのようにカレーはもともとインド料理に使われるものですが、面白いことに、タイではこの料理は主に中華レストランのメニューにあります。中国人はカニが好きですからね。でも、実はこれはタイらしい料理なのですよ。というのは、インドと中国が発祥地の素材をタイらしくアレンジしたものだからです。日本ではなかなか食べられないこの料理を、ラッカナー流の簡単な方法で紹介します。日本はとってもカニがおいしい国、是非試してください。

■材料
ズワイガニ　2はい
ネギ　4〜5本
セロリ（軸部分）1本
タマネギ　中2個
ニンニク　2片
カレーパウダー　大さじ1
三温糖　小さじ2
胡椒

＜タマゴソース＞
タマゴ　4個
牛乳　200cc
ゴマ油　大さじ1
オイスターソース　大さじ2
醬油　大さじ1
ナムプラー　小さじ1
油　適量

●準備
①カニは鍋用に切る　秘訣❶。
②ネギ・セロリ（幅2〜3ミリ）を3センチの長さ、タマネギは2〜3センチにざっくり切る。
③ニンニクは皮を取り包丁の背で押した後、輪切りにする。 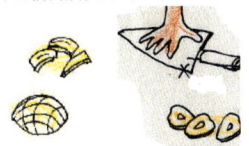
④タマゴソースを作る。タマゴ、牛乳を混ぜ、次にゴマ油を入れてさらに混ぜる。よく混ざったら、オイスターソース、醬油、ナムプラーで味をつける　秘訣❷。

●作り方
①中華鍋を熱し、油を入れて、ニンニクを焼き色がつくまで炒める。
②カニとカレーパウダーを入れて、カレーのかおりが立つまで、ゆっくりと炒める。
③火を中火にして、タマゴソースとタマネギを入れて蓋をする　秘訣❸。ソースが沸いたらゆっくりと混ぜる。
④タマゴに火が通ったら残りの野菜を入れて炒める。三温糖で味をつける。
⑤火を止めて、胡椒をふる。

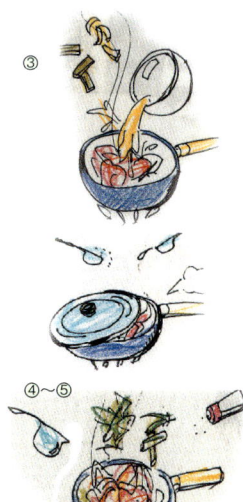

秘訣
❶カニは硬いので、魚屋さんに鍋用に切ってもらうようにしましょう。
❷泡立器でよく混ぜることがおいしくできるコツです。
❸タマゴソースが沸いてくるまで、じっと待ちましょう。だいたい5〜6分というところでしょうか。

基本
味付けの基本は、カレー粉のほかに調味料、これにネギ、タマネギ、セロリでかおりをつけます。カニ、タマゴともに、あまり火を通しすぎないほうがよいでしょう。

もう一工夫
時期によって、ワタリガニでもよいですよ。

プー・パット・ポン・カリー

パット・クラプラオ

ひき肉のホーリーバジル炒め

豚や鶏のひき肉を
トウガラシ、ニンニク、
オイスターソースなどで炒め、
最後にバジルの葉をふわっと入れます。
ご飯の上にかけて一皿もの
として食べるのが普通で、
バジルと生トウガラシの鮮烈なかおりにそそられ、
ついついガツガツ食べてしまいます。
「アハーン・ターム・サン(ご注文に応じます)」
食堂や一膳飯屋の定番メニューです。

ラッカナーのひとりごと

この料理はタイではとてもポピュラーなものです。屋台から高級レストランまでどこでも注文することができます。タイ人はよくこう言います。「ごはんとパット・クラプラオを注文する人はお馬鹿さん」。この料理があまりに普通のおかずで、何も考えていないというわけです。でも、私はこの料理が大好き。特に日本ではバジルがなかなか手に入らなかったため、この料理が宝もののようになりました。タイに戻るたびに、私がこの料理を注文するので、友達が皆、「またなの」とブツブツ文句を言うほどです。日本人にとって親子丼が安くておいしい日本の味であるように、かおりが強くてスパイシーなこの料理はタイの味そのものです。

■材料
豚ひき肉　400 g
ニンニク　3～4片
赤パプリカ　3個
シシトウ　3本
タマネギ　1/4個
バジル　2～3本（葉のみ使用）
プリック・キー・ヌー　7～8本
（または乾燥トウガラシで代用）
オイスタソース　大さじ1弱
醬油　大さじ1強
ナムプラー　大さじ1弱
三温糖　小さじ2
油　適量

●準備
①プリック・キー・ヌー、ニンニクは細かく刻む。
②赤パプリカ、シシトウは細切りにする。
③タマネギは薄切りにする。

●作り方
①中華鍋を強火で熱し、油を入れ、プリック・キー・ヌー、ニンニクを入れて炒め、さらに豚ひき肉を加えて炒める。
②肉にだいたい火が通ったら、オイスターソース、三温糖、醬油、ナムプラーを加え味をつける。
③赤パプリカ、シシトウ、タマネギを入れて炒め、最後にバジルの葉を加えてさっと混ぜる。
④お皿に盛り付け、上にバジルの葉を数枚飾る。

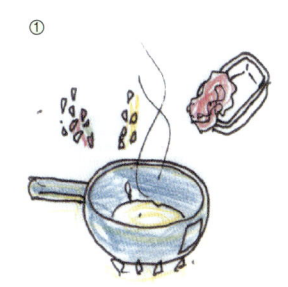

①

②

③

基本
生トウガラシのプリック・キー・ヌー（なければ乾燥トウガラシを水で戻す）、ニンニク、ナムプラー、オイスターソース、醬油、砂糖に加え、バジルを入れるのが基本。バジルは多いほどおいしい。

もう一工夫
肉は、鶏肉、牛肉の赤み、またエビを使ってもおいしい。目玉焼きを上にのせて、いっしょに食べるのもよいでしょう。

プリック・キー・ヌー

パット・クラプラオ

パット・チャー・プラー

魚のレッド・カレーペースト炒め、タイゴボウ入り

魚をカレーペーストで炒める料理です。
油をひいた中華鍋にレッド・カレー・ペーストを炒め入れると、
目に突き刺さるような風味が立ちます。
ペーストは、炒めることで、香ばしさとともに
辛さもいっそう際立ちます。
これに、ショウガの仲間の「クラチャーイ」(タイゴボウ)の
朝鮮人参に似た独特の風味を加えます。
タイでは、雷魚やナマズなど淡水魚を使うことが多いようです。
田舎の村の人たちと山に遊びに行った時など、
池や小川で捕まえた魚を使って
「キャンプ料理」として作ったりもします。
ここでは、くさみの少ない白身魚で作ります。

■材料
白身魚　600g
シシトウ　30本
クラチャーイ(タイゴボウ)
　　　　　　7〜8センチ
バイ・マクルート　10枚
レッド・カレーペースト
　　　　　　大さじ4〜5
ナムプラー　大さじ2
三温糖　大さじ2
油　適量

●準備
①シシトウは細切り、クラチャーイは千切り、バイ・マクルートは中軸を取り除いて千切りにする。
②魚を4〜5センチ角に切る。

●作り方
①フライパンを強火で熱し、油を入れて、レッド・カレーペーストを炒める。
②油とペーストがよく混ざったら中火にして、魚を入れ、ペーストをまぶしながら焼く。
③三温糖、ナムプラーで味をつけて、クラチャーイとバイ・マクルートを混ぜて炒める。
④最後にシシトウを加えて、さっと火が通るように炒める。

基本

レッド・カレーペーストを油で炒めた濃厚な味と「タイゴボウ」の独特の風味が基本。これに、ナムプラー、砂糖のほか、バイ・マクルート(コブミカンの葉)、シシトウで味とかおりを整えます。
　クラチャーイ(タイゴボウ)は日本での入手が難しかったのですが、最近は明治屋などでも見かけます。この料理には、欠かせない食材です。

基本
レッド・カレーペーストを油で炒めた濃厚さに、ココナツミルク、オイスターソース、ナムプラー、砂糖を加えてまろやかな味に仕上げます。さらに、バイ・マクルートやシシトウで風味を加えます。

もう一工夫
肉は、豚肉のほか、鶏、牛でもよい。

パット・チャーと同じく、
レッド・カレーペーストをベースにした炒めものです。
ただし、魚でなく肉類を使い、ココナツミルクを入れることで
まろやかな味になります。
タイでは、青い未熟な胡椒の実を入れ、
イノシシなど野獣の肉を用いることもあり、
野趣あふれる味になりますが、
ここでの作り方は、
むしろ肉の脂やタケノコの甘さを前面に出した
穏やかなものです。
これはこれでおいしいものです。

パット・ペット
豚バラ肉のレッド・カレーペースト炒め、ココナツミルク入り

■材料
豚バラ肉うす切り　600 g
水煮タケノコ　1個／約200 g
バイ・マクルート　5枚
レッド・カレーペースト　大さじ2
シシトウ　4～5本
オイスターソース　大さじ1½
ナムプラー　大さじ2
三温糖　小さじ3
ココナツミルク　大さじ3
油　適量

●準備
①豚肉とタケノコは5センチくらいの細切り。シシトウも細切り。バイ・マクルートは中軸を取り除いて千切りにする。

●作り方
①中華鍋に油を入れて強火で熱し、レッド・カレーペーストを加えて馴染むまで炒める。
②油とペーストが一体化したら、豚肉を入れて火が通るまで炒める。
③タケノコを入れて炒め、オイスターソース、三温糖、ナムプラーで味付けをし、バイ・マクルートを入れて混ぜる。
④シシトウを加えてさらに炒め、最後にココナツミルクを入れる。

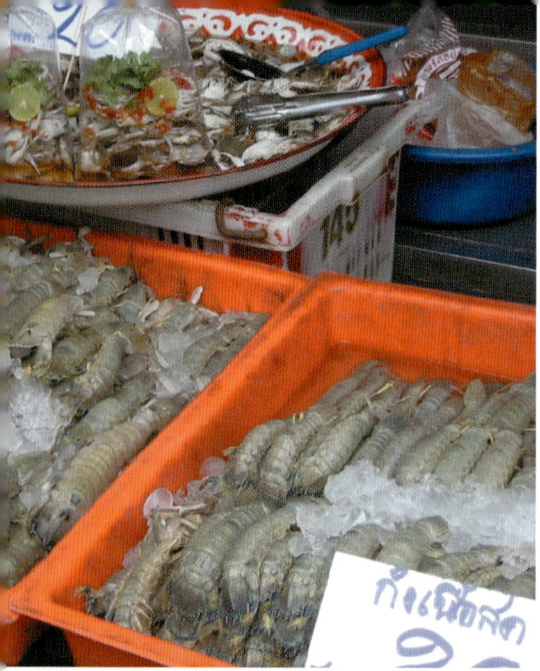

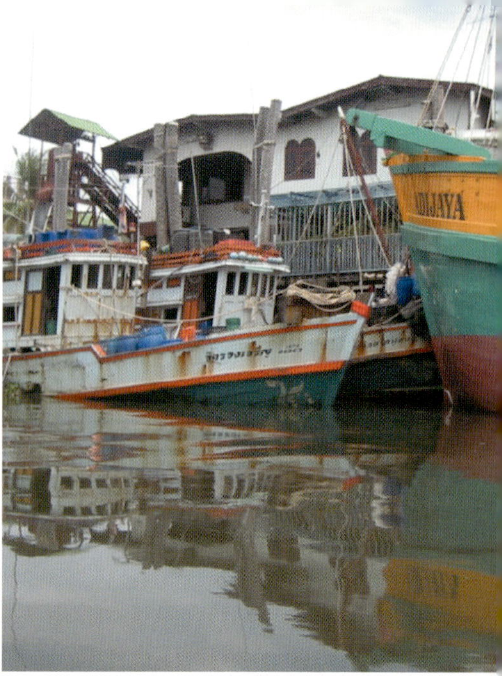

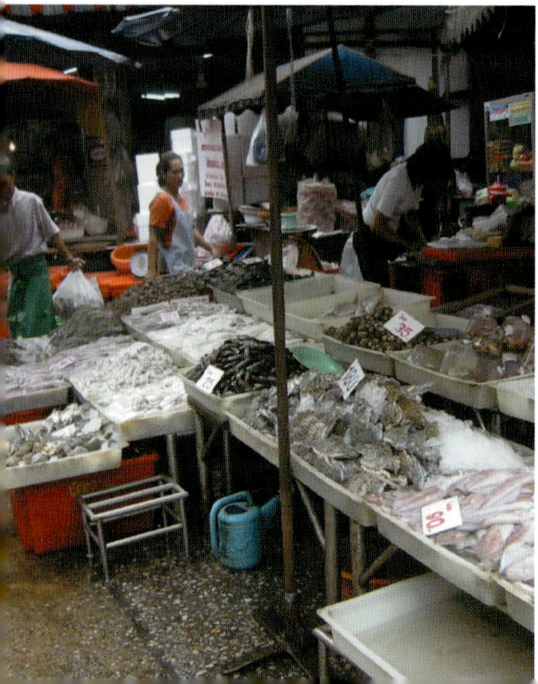

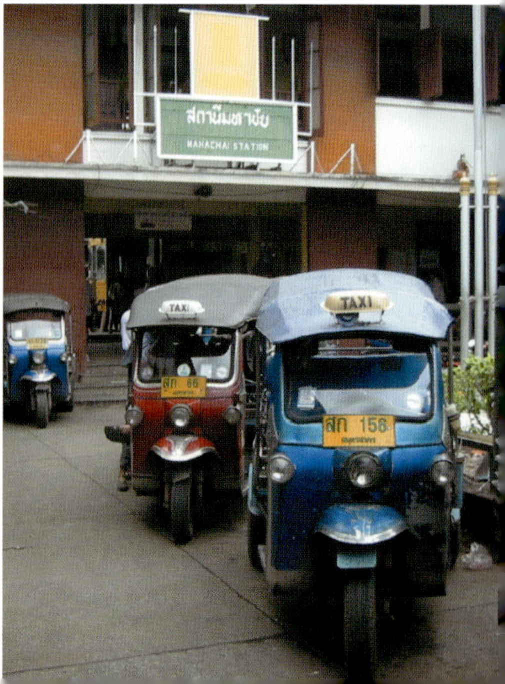
สถานีมหาชัย
MAHACHAI STATION
TAXI
TAXI
สก 156

ヤム
和えもの

「ヤム」とは文字通り「和える」という意味です。
ここでは、生もしくは火を通した材料を、調味料や香草で和える料理全般を紹介します。
ここで紹介する「和えもの」は、大きく2つに分かれます。
1つは、タイ語で「ヤム」と呼ばれるもの。もう1つは、「ラープ」「ソムタム」など東北タイの料理です。
「ヤム」と呼ばれる料理の味付けの基本は、ナムプラー、砂糖、赤小タマネギ、トウガラシ、ライム汁です。
レモングラスやコブミカンの葉を加えることもあります。
これらをあらかじめ混ぜ合わせておき、具材と和え、香味野菜を薬味に加えるのです。
バンコクの市場や路地の屋台街では、夕刻、人々の帰宅時にあわせて、ヤム屋さんが登場します。
氷の上に、エビ、イカ、貝、肉、野菜といった材料を並べ、注文に応じてその場でさっと作ってくれます。
素材の持ち味と、ナムプラーや香味野菜のにおいに、塩味、甘味、酸味、辛味がお互い主張しあいながら、
ほどよく調和したところがヤムのおいしさの秘訣です。
一方、「ラープ」や「ナムトク」「ソムタム」など東北タイの和えものも、辛味と酸味が味の基本となり、
香味野菜をふんだんに加える点は「ヤム」と同じです。
「ラープ」や「ナムトク」では、炒り米の香ばしさや苦味、
「ソムタム」では、なますにした青パパイアとエビの発酵ペースト「カピ」が醸し出す独特の風味が、
「ヤム」とは違った素朴な味に仕立てています。
屋台では、ヤム屋さんとは別に、こうしたイサーン(東北タイ)料理を専門に出す店があります。
ヤム屋さんのカラフルな趣とは違い、イサーンの土のにおいが支配します。
簡易テーブルでは、客がもち米とともに、あるいは焼酎片手にこうした料理をつまんでいます。
ここでは、それぞれから、比較的オーソドックスなもの、それにラッカナーのオリジナル、
とっておきのメニューも含めて、全10品を紹介します。

<左頁上段左>手前は獲れたてのシャコ、後ろは「プードーン」と呼ばれる生のカニを合わせ調味料につけこんだ一品。
その場で食べるおいしさは格別。ターチーン河口のマハーチャイで(バンコク郊外)
<同上段右>かつての運河を船溜まりに、大小さまざまな漁船が停泊しているマハーチャイ運河(同上)
<同下段左>マハーチャイの街の市場(同上)　<同下段右>マハーチャイ駅前の三輪車タクシー「トゥクトゥク」(同左)
<右頁>たっぷりの氷の上に置かれた魚貝類　(バンコク　オー・トー・コー市場)　　　　　　　　　　　左頁撮影PK

ヤム・ウンセン

春雨のサラダ

辛味、酸味、塩味、甘味それぞれが
自己主張する鮮烈な味が特徴のヤムですが、
ヤム・ウンセンは春雨を入れることで、
幾分、味がマイルドになります。
具材や香草のうまみが染みこんだ春雨は、
すき焼きのしらたきのように
凝縮された味が楽しめます。
タイでは、レストランだけでなく、
道端の「ヤム売り」でも最も基本的なヤムです。
ここでは、最もオーソドックスなパターンで作ります。

ラッカナーのひとりごと

ヤムの特徴は、調味料がトウガラシ、ライム、ナムプラー、砂糖に限られていることです。というと簡単そうに聞こえるかもしれませんが、おいしく作るのは実は難しいのです。ヤムは「情熱的な女性」のような料理。魚肉や野菜、素材そのものの味が、調味料をシンプルに使うことで強烈にはじける感じ、だから情熱的な女性が作るとおいしいに違いないと思うのです。私の経験で言うと、ヤムは、たまらなく食べたい、作りたいと思った時、手早くさっと作り、それも材料を調味料で混ぜたらすぐに食べるのがベスト。淡白そうに思えるヤム・ウンセン(春雨のサラダ)も例外ではありません。情熱と辛さがミックスされた時、はじめておいしいヤム・ウンセンができますよ。

■材料
春雨　60〜80g
殻付きエビ　約10尾
イカ　1ぱい
豚ひき肉　100g
コリアンダー　4〜5本
セロリ　1/2本
細ネギ　半束
ミント　5〜6枚
干しエビ　大さじ1
塩　適量
ナムプラー　大さじ1

<ソース>
レモングラス　2本
バイ・マクルート　7〜8枚
赤小タマネギ　5個
　　（またはタマネギ中半個）
プリック・キー・ヌー　5〜6個
　　（または粉トウガラシ大さじ1）
　　（粉トウガラシの作り方は57頁）
三温糖　大さじ2
ナムプラー　大さじ2弱
レモン汁　大さじ4

●準備
①エビは背ワタと皮を取って、背に切れ目を入れる。イカは厚めの短冊切りにする　秘訣❶。
②コリアンダー　秘訣❷、セロリの葉は長さ2〜3センチ、セロリの茎は筋を取って長さ2〜3センチの短冊切り、ネギはあらい小口切りにする。ソース用のタマネギは薄切り、プリック・キー・ヌー、レモングラスは小口切り、バイ・マクルートは中軸を取り除いて千切りにする。
③ソースを作る。ボウルに三温糖、ナムプラー、レモン汁を入れて、プリック・キー・ヌーまたは粉トウガラシとタマネギを入れ混ぜ合わせておく。
④飾り付け用ミントを洗って葉を軸からはずしておく。

●作り方
①鍋にたっぷりの水を沸騰させ春雨を湯がく。透明になったら水で洗いざるで水をきり、ハサミで8〜10センチに切る。
②鍋に水を沸騰させ塩小さじ1を入れて、イカとエビを茹でてざるにあげ水分をきる。
③中華鍋を火にかけて油を敷かず豚ひき肉を入れて炒める。ナムプラーを入れてさっと混ぜ、火を止める。
④干しエビにお湯をかけ戻したものを③に入れて混ぜる。
⑤ボウルに春雨、エビ、イカ、豚ひき肉、さらにセロリ、ネギ、コリアンダー（飾り用を少し除いて）を入れ、ここにソースをかけ入れてさっと混ぜる。
⑥⑤を皿に盛りつけて、飾り用のミントとコリアンダーを散らす。

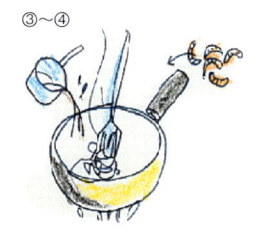

①

②

③〜④

秘訣
❶エビの背に包丁を入れて茹でると、くるっと広がってプリプリとした食感と見た目の豪華さを楽しめます（左頁の写真参照）。
❷日本ではコリアンダーはまだまだ高価なので、セロリと混ぜて使ってもオーケーです。セロリは葉っぱも食べられますよ。是非試して下さい。

基本
ナムプラー、ライム汁（レモン汁）、生トウガラシ、砂糖が味付けの基本です。香草は、コリアンダー、タマネギ、ネギという、ヤムの香草の基本セットに、ミントとセロリを加えました。ソースには、バイ・マクルートの千切りとレモングラスの輪切りを入れるとまたおいしいですが、なくても大丈夫です。

もう一工夫
人数や予算に応じて、春雨の量を調節できます。エビやイカは省略してもかまいません。香草では、ミントは手に入らなければ省略可能です。コリアンダーはホワイトセロリやセロリで代用できます。セロリは、タイでは普通、入れませんが、食感や香りがこの料理によく合います。

ヤム・ウンセン

ヤム・タレー

海の幸のサラダ

いろいろなシーフードをミックスしてつくるヤムです。
ヤム・ウンセンとは違い、
シーフードそのもののおいしさが秘訣です。
少し豪華なヤムと言ってよいでしょう。
ヤム・ウンセンと同じく、
レストランでも、道端の「ヤム売り」でも
必ずメニューにある基本的なヤムです。

■材料
殻付きエビ　約10尾
イカ　2はい
豚ひき肉　100g
ホタテ　5〜6個
細ネギ　半束
コリアンダー　4〜5本
ナムプラー（豚ひき肉味付け用）
　　　　　　小さじ2
＜ソース＞
レモングラス　2本
バイ・マクルート　7〜8枚
レモン汁　大さじ4
三温糖　小さじ山盛り2
ナムプラー　大さじ2〜3

●作り方
基本的にヤム・ウンセンと同じ作り方。魚介類を下処理して湯がき、野菜を切る。ソースを作っておく。それを食べる前にさっと混ぜあわせる。魚介類は、生っぽい感じに火を通すのがポイント。カニカマボコなどでも作れます。

■材料
生牡蠣　30〜35粒
三つ葉　1束
コリアンダー　4〜5本
ミント（飾り用）　少々
クレソン　1束
ゆずの皮　1個分

＜ソース＞
赤小タマネギ　5個
　（またはタマネギ中半個）
プリック・キー・ヌー　10個
　（または粉トウガラシ大さじ1〜2）
　（粉トウガラシの作り方は57頁）
レモングラス　2本
バイ・マクルート　7〜8枚
三温糖　大さじ山盛り2
ナムプラー　大さじ2〜3
ゆず汁（またはレモン汁）　大さじ4

●準備
①牡蠣をやさしく水洗いし、ざるにあげて水をきる。
②三つ葉、コリアンダーを長さ3センチくらいに切る。
③ミントを洗っておく。
④ヤム・タレー同様に、ソースを作る。あれば、レモングラスとバイ・マクルートも入れる。バイ・マクルートは中軸を取り除いて千切りにする。ソースは少し置いたほうがタマネギなどに味が染めておいしい。

●作り方
①ボウルに牡蠣と野菜類を入れ、ソースをかけてさっと混ぜる。
②器に①を盛り付けて、ミントと飾り用にはずしておいた三つ葉やコリアンダー、クレソンを飾る。

牡蠣は生がおいしいですが、気になる場合はさっと湯通ししてもよいでしょう。火が通りすぎないように気をつけて下さい。

ヤム・ホイ・ナーンロム

牡蠣のサラダ

最近は、タイでもシーフード・レストランで
生の牡蠣が食べられるようになりましたが、
元々、牡蠣、それも生の牡蠣は
タイ料理には馴染みの薄い食材でした。
ここでは、日本のおいしい生牡蠣を使って
ヤムを作ります。
オリジナル・メニューです。
生牡蠣の汐の香りが
香草や酸味と相まって、
清々しい、上品な一品に仕上がりました。

ラッカナーのひとりごと

この料理は日本の寒い季節にぴったり。秋から冬にかけては牡蠣が手に入りやすく、とってもおいしいからです。さらに、日本独特の野菜が味を引き立ててくれます。

　木枯らしが吹き始めた京都の市場を歩いて見つけた野菜に黄色いゆずがありました。それから三つ葉。これがこの料理に、とっても合うのです。生トウガラシがなくても大丈夫です。タイサラダの味覚をベースに、日本の素材である牡蠣・ゆず汁・三つ葉のバランスが素晴らしい、日本で発見した新しいタイの味です。

ヤム・ヌア・ヤーン

焼いた牛肉のサラダ

牛肉のヤムです。
タイでは、牛肉を湯通しして和える
「ヤム・ヌア」の方が一般的ですが、
ここで紹介するように、
かたまり肉をあぶってスライスする
ほうが香ばしく、肉の適度な質感で
食べ応えのあるものになります。
さっぱりした肉料理を、
という時にぴったりのメニューです。

■材料
牛肉(赤身のかたまり、またはステーキ用など)　500g
赤小タマネギ　7個
　(またはタマネギ/紫タマネギ半個)
レモングラス　5本
プリック・キー・ヌー　10本
細ネギ　半束
コリアンダー　2〜3本
レモン汁(ライム汁)　大さじ4
ナムプラー　大さじ3
三温糖　小さじ3

●準備
①肉は切り口が約3×4センチの棒状に切る。
②レモングラスは水にもどして薄く輪切り、赤小タマネギも薄く輪切り。プリック・キー・ヌーは小口切りにする。
③ネギ、コリアンダーは長さ約1センチのざく切りにする。
④レモンを搾る。

●作り方
①網を中火にかけて熱し、肉を焼く。焦げ目がついたら裏返し、もう片面を焼く。レアからミディアムに焼き上げる。
②焼けた肉を厚さ6〜7ミリに切る。
③ナムプラーとレモン汁、三温糖をよく混ぜ合わせる。
④③に肉を入れてさっと混ぜる。
⑤さらに野菜類を入れて味がなじむように全体をざっくりと混ぜる。

基本

ナムプラー、マナーオ(ライム)汁、生トウガラシ、砂糖が味付けの基本です。香草は、タマネギ、パクチー(コリアンダー)、ネギ、ミントなどです。マナーオはレモンで代用できます。

パクチー(コリアンダー)

マナーオ(ライム)

ヤム・ヌア・ヤーン　51

ヤム・マクア・ヤーオ

長ナスのサラダ

長ナスを焼いてヤムにします。
さしずめ、タイ風の「焼きナス」
といったところでしょうか。
ナムプラーやコリアンダーのかおり、
トウガラシの鮮烈な辛さでタイ風に仕上げます。
ゆでタマゴを添えてほんのりした甘味を加えます。
タイでは、レストランの定番メニュー
であるのに加え、一膳飯屋に
並ぶこともあります。
あっさりとした一品が欲しい時
などに最適です。

プリック・ナムプラー（ニンニク入り）

■材料
ナス　6本
タマゴ　8個
豚ひき肉　200 g
コリアンダー　3〜4本

<タレ：プリック・ナムプラー>
赤小タマネギ　5個
プリック・キー・ヌー
　　（生トウガラシ）　10〜20本
ニンニク　5片
ナムプラー　大さじ4
レモン汁　大さじ5
三温糖　小さじ2

●準備
①コリアンダーを洗って長さ約1センチに切る。
②タレを作る（右欄参照）。

●作り方
①ナスにフォークで穴を数カ所あけ、網にのせて皮がこげるまで焼く。
②皮をはずし縦半分、5センチ幅に切り、食べやすいよう短冊切りにする。
③ゆでタマゴを作り、皮をはずして縦四つ切にする。
④中華鍋を熱して、豚ひき肉を入れて炒める。火が通ってきたら、ナムプラーで味をつけ、冷ましておく。
⑤器にナスを置き、その上に炒めたミンチ、まわりに切ったゆでタマゴを並べる。食べる直前に上からタレを回しかけ、刻んだコリアンダーを飾る。

基本

ナムプラー、レモン汁、プリック・キー・ヌー（生トウガラシ）、砂糖が味付けの基本です。香草は、タマネギとコリアンダーです。

<プリック・ナムプラー>
（ニンニク入り）

●材料
赤小タマネギ　5個
　　またはタマネギ中半個
プリック・キー・ヌー
　　　　　　10〜20本
ニンニク　5片
ナムプラー　大さじ4
レモン汁　大さじ4〜5
三温糖　小さじ1〜2

●作り方
①赤小タマネギは、縦半分にして薄切りにする。
②プリック・キー・ヌーはへたを取って輪切りにする。
③ニンニクは皮をむいて輪切りまたはみじん切りにする。
⑤ボウルに①〜③の材料、ナムプラー、レモン汁、三温糖小さじ1を入れ混ぜる。

ニンニク入りプリック・ナムプラーは焼きものやグリル料理によく合います。
　ふだん使うプリック・ナムプラーにはニンニクやタマネギが入らないことが多いです。
　これは、基本的なタレで、どんな料理にも合います。ちょっと味が足りない時に使います。冷蔵庫で1カ月くらいは保存できます。

ヤム・マクア・ヤーオ

ムー・マナーオ

焼いた豚肉のライムソースかけ

「ムー・マナーオ」は、
グリルした豚肉にニンニクと
ライム汁（レモン汁で代用）をベースしたソースを
かけた料理です。
タイでも比較的、最近の料理で、
巷の食堂というより、エアコンが効いた
レストランのメニューでよく見かけます。
豚肉の脂、ニンニクのうまみ、柑橘類の酸味、
トウガラシの辛さのバランスが絶妙です。
ニンニクは食べ過ぎると胃によくないので
気をつけて下さい。

ラッカナーのひとりごと

「ムー・マナーオ」は、ビールの一番のパートナーです。直火焼きの豚肉の独特なかおりと苦味、薄く切った生ニンニクと生トウガラシ（プリック・キー・ヌー）、それにナムプラーとレモン汁と少しの砂糖で和える。酸味のきいたこの料理に合うのは何といってもビールです。季節を問わず、ビールの友としてこの一品はお奨めです。

■材料
豚ヒレ肉かたまり　400〜500g
＜肉下味用＞
ナムプラー　大さじ1強
醤油　大さじ1強

プリック・キー・ヌー　20〜30本
ニンニク　12〜13片
ナムプラー　大さじ3
レモン汁　100cc
三温糖　小さじ2

＜付け合わせ野菜＞
レタス、トマトなど

●準備
①豚ヒレ肉かたまりは、1.5センチくらいの厚切りにする。
②ボウルに切った肉を入れて、ナムプラー、醤油で下味をつける。

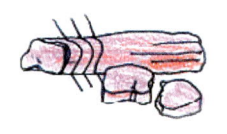

●作り方
①へたを取ったプリック・キー・ヌー、ニンニク（4〜5片を別に取って置く）をフードプロセッサーで細かく刻む。
②①をボウルにあけ、三温糖さらにナムプラー、レモン汁を入れて混ぜる。
③①で取り置いていたニンニク4〜5片を薄く輪切りにする。
④タレの馴染んだ豚肉を、網の上で焦げ目がつくまで焼く　秘訣。
⑤焼けた肉を6〜7ミリくらいに切って皿に盛り付ける。
⑥肉の上にニンニク生スライスをのせ、最後に②のたれをかけて出来上がり。

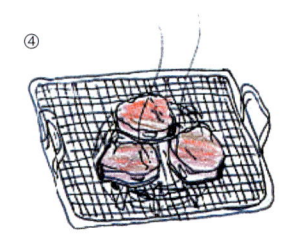

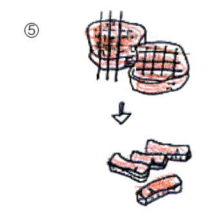

秘訣
肉は切った時に中央が少しピンク色になるくらいに焼き上げると、やわらかでおいしい。好みでしっかり焼いてもいいですよ。

基本
焼いた豚肉に生トウガラシ、ニンニク、ナムプラー、レモン汁、砂糖で作ったソースをかけるだけ。いたってシンプルです。

もう一工夫
牛肉でもオーケーです。これはヌア・マナーオと呼ばれています。付け合わせの野菜は、セロリ、ニンジン、キュウリ、インゲンなどをスティック状に。

ムー・マナーオ

ラープ・イサーン

東北タイ風ひき肉の和えもの

炒り米粉を入れる和えものは、
「イサーン」と呼ばれる東北タイの料理です。
甘味が少なく、炒り米の香ばしい苦味が特徴です。
最近では、レストランのメニューにもありますが、
東北タイの料理は、もともとは屋台の料理でした。
東北タイからの出稼ぎが多いバンコクでは、
ラープやナムトク、ソムタムにもち米といった
東北タイ料理の屋台がいたるところにあり、
ちょっと苦みのある味は、
素朴なイサーンの農婦のごつごつした手のぬくもりを
思い起こさせます。
本来、肉を包丁でたたいて細かく刻んだものを用いますが、
ここではひき肉を使います。

■材料
豚ひき肉　350 g
鶏レバー　100 g
鶏砂肝　50 g
コリアンダー　1束
細ネギ　1束
ナムプラー　大さじ3強
レバーなどのゆで汁　100cc
粉トウガラシ　小さじ2
炒り米粉　大さじ3〜4
レモン汁(ライム汁)　大さじ4

＜付け合わせ野菜＞
キュウリ　2本
ニンジン　1本

●準備
①鶏レバー、砂肝を湯がいて細かく切る。ゆで汁は捨てずに取って置く。
②コリアンダー、細ネギは長さ約1センチに切る。

●作り方
①中華鍋を中火にかけて、豚ひき肉を入れて炒め、火を止める　秘訣。
②①に、切ったレバーと砂肝を入れて、ナムプラー、レバーなどのゆで汁、粉トウガラシ、炒り米粉、レモン汁を加えて調味する。
③②に刻んだコリアンダー、ネギを加えて混ぜる。
④皿に③を盛り、キュウリやニンジンなど野菜スティックを添える。

①

②

③

秘訣
豚ひき肉は油を使わず、乾炒りにすること。

基本
ナムプラー、粉トウガラシ、炒り米粉、ライム汁(レモン汁)が調味の基本です。香草は、ネギ、赤小タマネギ、コリアンダーを入れます。

もう一工夫
豚肉の代わりに鶏肉でもオーケー。レバーが苦手な場合は入れなくても結構です。

＜炒り米粉、粉トウガラシ＞

米はさっと洗って乾かしておきます。中華鍋を熱し乾いた米を入れ、ゆっくりとキツネ色になるまで炒ります。一度に少しずつ炒ります。冷めたらフードプロセッサーに入れて細かく砕きます。
　粉トウガラシの作り方も同様です。乾燥トウガラシを少しずつ炒って、冷めたらフードプロセッサーにかけます。
　毎回作るのは大変なので、まとめて作って瓶などに入れて保管します。2〜3カ月は持ちます。

ラープ・イサーン

ラープ・ヌア・ディップ

生牛肉の香草和え

生の牛肉を使ったラープ（香草和え）は、
東北タイの名物料理です。
当地では、牛の血液や胆汁も加えて
野趣たっぷりに仕上げます。
ほかの火を通した料理と違い、
バンコクっ子はけっして口にしません。
でも、新鮮な生肉の甘味、炒り米と胆汁の苦味、
香草のかおりはたまりません。
ここでは、日本の牛肉を使って、安心して楽しめる
オリジナル・レシピを紹介します。
牛肉の甘味を存分に味わいましょう。

ラッカナーのひとりごと

とてもおいしい日本の肉を活かした料理を考えてみました。レシピは私の一番好きな東北タイ（イサーン）地方の味を想像して創ってみました。夏の到来とともに作るのが一番おすすめです。生肉の和えものなので、夏に元気な生の香草、やわらかな肉があってはじめておいしいこのラープができるのです。

　お肉は寒い季節だと和えてもすぐに固くなるから、作るなら暑い季節がベスト。できればフレッシュなミントやオレガノの葉っぱといっしょにどうぞ。素敵な夏のサラダになるでしょう。

■材料
生食牛肉（赤身のかたまり）　300g
赤小タマネギ　7〜8個
　　　（中タマネギ／紫タマネギ　3/4個）
レモングラス　7〜8本
コリアンダー　2〜3束　秘訣❶
細ネギ　半束
バイ・マクルート　5〜6枚
ミント（飾り用）　少々
粉トウガラシ　大さじ2
炒り米粉　大さじ山盛3
ナムプラー　大さじ6〜7
レモン汁　大さじ3（漬け込み用）
　　　　　大さじ4〜5

＜付け合わせ野菜＞
キャベツ　1/4個
レタス　1/4個
キュウリ　2本
ニンジン　1本
サヤインゲン　1袋

●準備
①肉は親指大の大きさに薄切りして、レモン汁大さじ3でよく揉み込み30分ほど置いておく。
②赤小タマネギは縦半分にして薄切りにする。
③レモングラスはかたい部分をはずし輪切りにする　秘訣❷。
④コリアンダーは根を切り落とし、ざく切りにする　秘訣❸。
⑤ネギは小口切りにする。
⑥バイ・マクルートは中軸を取り除いて千切りにする。
⑦サヤインゲンは生のまま。好みでさっとゆでてもよい。

●作り方
①大きなボールに野菜をすべて入れる。準備しておいた肉の水分を搾って野菜としっかりと混ぜ合わせる。
②粉トウガラシ、炒り米粉、ナムプラー、レモン汁を入れて、手で混ぜ和える。

③付け合わせ野菜を洗って切る。キャベツ、レタスはラープを包めるように大きめに手でちぎる。キュウリとニンジンはスティック状にサヤインゲンは半分に切る。
④大きなレタスの上に②のラープを盛り、ミントの葉を散らす。付け合わせ野菜を飾り付ける。

①

付け合わせ野菜

＊粉トウガラシ、炒り米粉の作り方は57頁参照。

秘訣
❶手に入れば、パクチー・ラオやパクチー・ファランを入れるとさらにおいしい。パクチーはコリアンダーのタイ語名です。
❷レモングラスは手に入った時に4〜5センチに切って冷凍しておくとよいでしょう。
❸コリアンダーの根も同様に冷凍すると何かと重宝します。

基本
ライム（レモン）の酸味、トウガラシの辛味、香草のかおり、これらは和えものに共通の味付けの基本です。さらに「ラープ」と言われる料理では、苦みのある炒り米が欠かせません。このラープ・ヌア・ディップのオリジナル・レシピでは、最初に肉をレモン汁で揉み込むことで、さっと湯通ししたのと同じようになり、さっぱりと食べやすい味に仕上がります。

パクチー・ファラン

ムー・ナムトク

焼いた豚肉の炒り米和え

ナムトクもラープ同様、
炒り米粉とともに和える東北タイの料理です。
あぶった肉を細かく切って和えるので、
ラープより肉の質感が残り、香ばしさも際立ちます。
肉の焦げ目と炒り米、両方の苦味が相まった、
渋い「大人の味」です。
ビール、酒、焼酎、なんでもこいです。

■材料
豚ロースとんかつ用　500g
赤小タマネギ　10個
　　（タマネギ中　1個）
コリアンダー　5〜6本
粉トウガラシ　大さじ2
炒り米粉　大さじ3
ナムプラー　大さじ3
レモン汁（ライム汁）　大さじ4〜5

＜付け合わせ野菜＞
キュウリのスティックなど

●準備
①粉トウガラシ、炒り米粉を準備する（57頁参照）。
②赤小タマネギは薄切り、コリアンダーは長さ約1センチに切る。

●作り方
①焼き網で肉をゆっくりと焼き、短冊切りに。
②ボウルに肉を入れて、粉トウガラシ、炒り米粉を加えて混ぜ込み、次にナムプラー、レモン汁を入れて混ぜる。
③②にコリアンダーとタマネギを加え入れ、全体をさっくりと混ぜ合わせる。
④器に盛り付け、スティック野菜を添える。

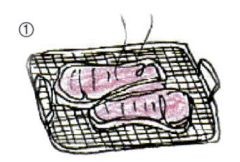

基本
粉トウガラシ、炒り米粉、ナムプラー、ライム汁（レモン汁）が調味の基本です。香草は、ネギ、赤小タマネギ、コリアンダーを入れます。

もう一工夫
牛肉でもオーケーです。

ホーム・デーン（赤小タマネギ）

ムー・ナムトク

ソムタム・タイ

中部タイ風青パパイアの和えもの

タイでは、パパイアを果物として食べるより、
未熟のうちに食べてしまう割合の方が
多いのではないかと思います。青パパイア(未熟パパイア)の
大半は、この「ソムタム」に使うのです。
田んぼの脇の休み小屋で
農作業の合間に作って食べるソムタムは、
まさに「ふるさとの味」です。
その真髄と言える東北タイ風ソムタム・ラオのベース、
プラー・ラー(川魚の塩辛)の入手が日本では難しいので、
「中部タイ風」の作り方を紹介します。
全国区の味と言えるものです。
青パパイアのほんのりした甘さとシャキシャキ感、
調味料による辛さ、塩味、発酵食品のうまみ、
ライム汁(レモン汁)の酸味のバランスが決め手です。

ラッカナーのひとりごと

ソムタムは昼から夜までずっとタイ人の食卓にあります。田んぼの畦道で、家庭の食卓で、街や田舎の屋台で、おかずとしてスナックとして馴染みの深い料理です。おいしいソムタムを作るには勇気が必要。レモン、ナムプラーを恐れずざっと注いでくださいね。ひとつ重要なことは、酸っぱさにリードされながら、つんとくるナムプラーのにおい、甘さのバランスを大切にすることです。フレッシュな野菜でできたソムタムとあたたかなもち米、そしてカイ・ヤーン(焼いた鶏)の取り合わせは夏の魅力的な昼ごはんのメニューです。

■材料(臼1回分)
青パパイア(またはニンジン)
　　200g
インゲン　4〜5本
チェリートマト　5個
ニンニク　2片
プリック・キー・ヌー　5〜6本
ピーナツ　大さじ1
干しエビ　10粒
カピ　小さじ1
ヤシ砂糖(三温糖)　大さじ2/3
ナムプラー　大さじ2
レモン汁(ライム汁)　大さじ2〜3

●準備
①青パパイアまたはニンジンは(混ぜてもオーケー)皮をむいて、ピーラー(皮むき器)を使って3〜4センチの千切り状にする(写真参照)　秘訣❶。
②インゲンは長さ3センチ、チェリートマトは半分に切る。ニンニクは皮をむいて1片を2〜3個に切る。プリック・キー・ヌーはへたを取る。干しエビは水に浸してもどす。

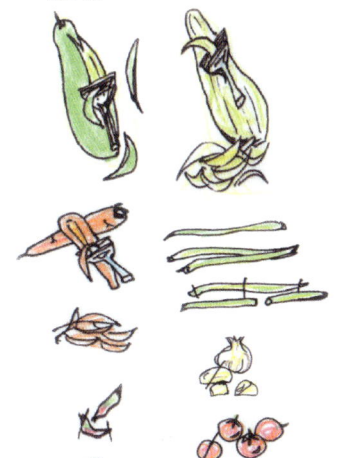

●作り方
①臼(木/石)にニンニク、プリック・キー・ヌー、ピーナツを入れてたたき、次にカピとヤシ砂糖を入れてさらにたたく　秘訣❷。
②①にインゲンと干しエビを入れてたたき、さらにパパイアまたはニンジンを数回に分けて入れ軽くたたく。
③②にナムプラーを入れて軽くたたき混ぜ、トマトを入れて優しくたたく。
④最後にレモン汁を入れて混ぜ合わせ、器に盛る。

①

混ぜ合わせ用に、左手でスプーンを

②

秘訣

❶ パパイアの千切りの切り方。東南アジアでは左手にパパイアを持ち、包丁で垂直にトントンと切り込みを入れて、そぎとるようにします。慣れないとなかなか難しいので、ピーラーを利用しましょう。

❷ 臼がない場合は、すり鉢を利用します。たたき過ぎても、たたき足りなくてもおいしくありません。簡単そうで難しいのですが、うまく混ぜあわせるために、右手でたたきながら左手でスプーンを使って混ぜるとやりやすいです。

基本

味付けの基本は、ライム汁(レモン汁)、ナムプラー、エビペースト、トウガラシ、ヤシ砂糖(三温糖で代用可)、ニンニクです。甘味やうまみを増すためにピーナツや干しエビを加えます。

もう一工夫

青パパイアの代わりにニンジンを用いてもよいでしょう。このほか、インゲンやキュウリだけで作ってもおいしい。

ヤシ砂糖

ソムタム・タイ

タイ、**食**のスケッチ　山口きよ子

ある日の食卓風景　チェンマイのラッカナー家、夏の日のブランチ

東南アジア＝長粒米…と無知に信じてきた私は、もち米の登場に驚くと同時に、そのおいしさに感動しました。おかずも多彩でおいしく、ついつい食べ過ぎてしまいました。でも野菜たっぷりでとっても嬉しい！　ラッカナー家の台所では、この後お父さんがギターで歌を歌ってくれました。

食のある風景　東北タイ、村の台所

流し台とその周辺でしか下ごしらえや調理は行なわれないもの、70年代風狭い「団地」育ちの私はそう思って成人になりました。しかしこの農家では、器具を移動させて外でも中でも半屋外でも調理が可能。水甕(がめ)とまな板と七輪があればよいという基本を見直しました。

市場の風景　北タイ、東北タイ、そして南タイから…

タイの市場はどこもとても清潔で、きちんと洗われた野菜がきれいに積まれていました。生鮮食品以外にも、おかずやご飯のテイクアウト、おやつの屋台また衣類の小売り店がずらりと並びます。インド系のスパイス店、パンの屋台、ムスリム女性用のスカーフ店などもありました。タイ語が読めたら、話せたら楽しいだろうな…

口から血を流す川魚

バン！バン！
鶏をさばく

アクロバテイックに
横たわる鶏

はねているカエル
皮むきカエル

なまめかしい
フレッシュ豚足

足の長い地鶏

コロンとした
マンゴスチン

なぜか黄身が二分割している
塩タマゴ

肉屋のまな板の上に
新聞を敷いて寝る女性

さくさくした芋

野菜を洗う女性

さまざまな野菜

タイ、食のスケッチ

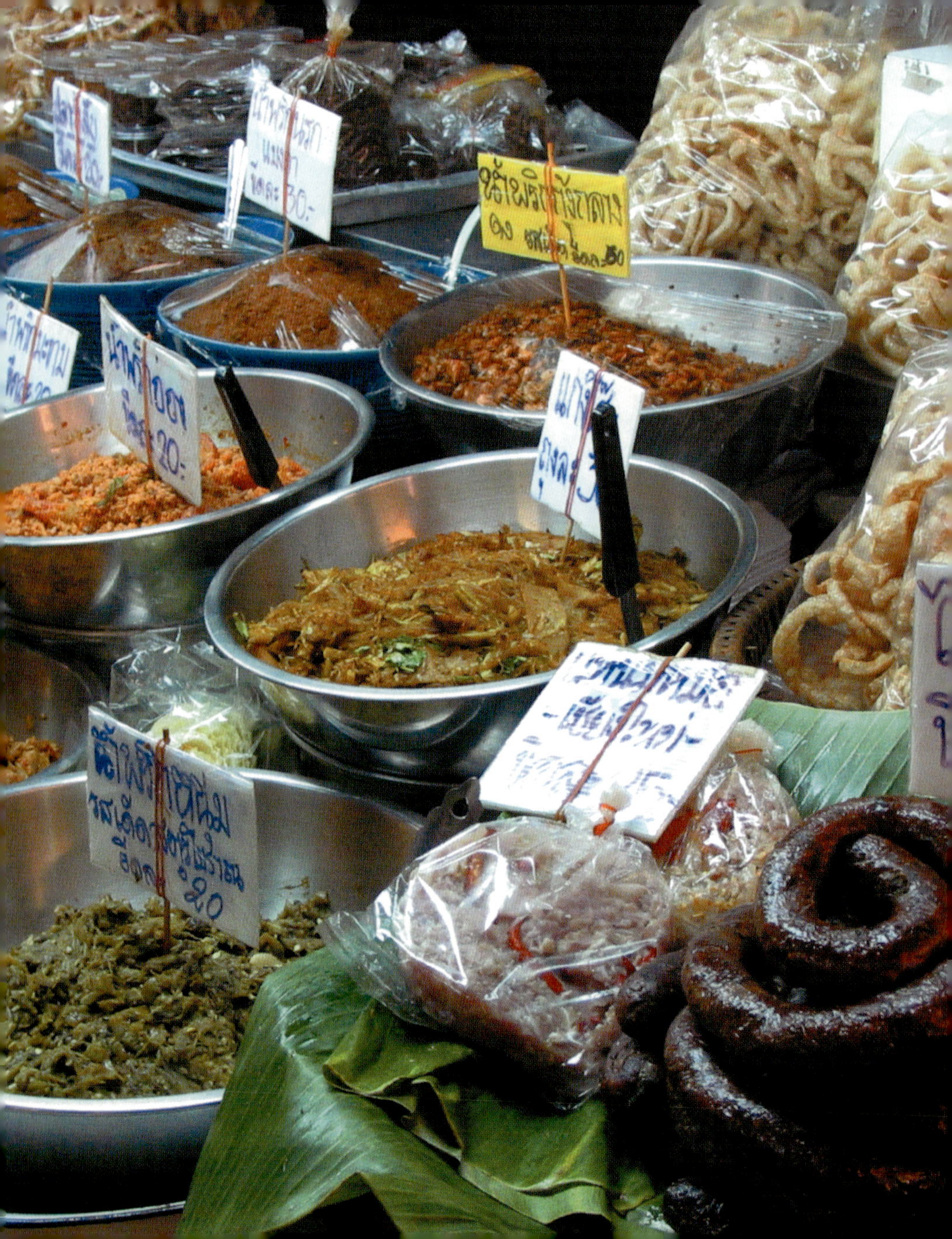

ナムプリック

ディップ

ナムプリックは、
トウガラシやニンニク、赤小タマネギ、発酵食品、ナムプラー、ライム汁
などをベースにしたディップです。
一見、地味で、日本人にはなじみが薄いかもしれませんが、ケーンと並ぶタイ料理の根幹です。
田舎の農家に泊まると、朝もやの中、ニワトリの鳴き声とともに、
「コーン、コーン、コーン」と、ナムプリックを作る臼の音で目がさめます。
そんな東北タイの農家では、川魚の塩辛「プラー・ラー」をすりつぶして作った
素朴なナムプリックを、日々もち米といっしょに食べているかと思えば、
バンコクでは、中産階層向けに、エビや魚、肉類などをふんだんに使った手の込んだものが
次々に考案され、レストランのメニューだけでなく、テレビや雑誌もにぎわせています。
ここでは、ナムプリックから、最もオーソドックスなナムプリック・カピ、
ラッカナーの故郷、北タイ名物を2品、魚介を用いたちょっと贅沢なものを2品紹介します。

＜左頁＞北タイ料理の数々。最下段のボウルの中は「ナムプリック・ヌム」、中段のボウル右は炒めた残り野菜とタケノコの漬物を煮た「ケーン・ホ」、左はトマトとひき肉のディップ「ナムプリック・オーン」、上段のボウルがエビのディップ「ナムプリック・クン」。手前のソーセージは「サイウア」。その左が豚肉にトウガラシなどを入れて発酵させた「ネーム」、後ろの袋の中は豚の皮を揚げた「ケップ・ムー」で一般家庭の常備食（バンコク　オー・トー・コー市場）
＜右頁＞ナムプリック・ヌンを売る、手前はネーム（チェンマイ　トン・パヨーン市場）　　　　　　　　撮影PK

ナムプリック・カピ / ナムプリック・プラー・ドゥック・フー
エビペーストのディップ / カラカラに揚げたナマズ〈サーモン〉のディップ

「カピ」と呼ばれるエビを発酵させたペースト
をベースにしたディップです。
ナムプリックと言われる
タイ料理のディップ類では代表格のものです。
シンプルですが、
エビのうまみを凝縮したカピに、
辛味、酸味、塩味、甘味の調和、
というタイ料理のお手本のような料理です。
このナムプリック・カピに
カリカリに揚げたなまずの身をフレーク状に
したものを混ぜ合わせたものが、
ナムプリック・プラー・ドゥック・フーです。

ラッカナーのひとりごと

これは基本中の基本のナムプリックです。これができれば、どんなナムプリックでも作れるようになります。ナムプリックは外国人からソースのように思われていますが、それは違います。これは、それ自身が立派な一品料理なのです。ナムプリック・カピのおいしい食べ方は、熱い白ごはんと混ぜながら、からっと揚げた魚の素揚げ、キュウリ、オクラ、インゲンなどの野菜や葉っぱもの、また揚げたナッツ類といっしょにいただくというものです。こうやって食べれば、大好きになること請け合いです。一度食べるといつも食卓に欲しくなる一品です。

<ナムプリック・カピ>

■材料
プリック・キー・ヌー　20〜25本
ニンニク　6〜7片
干しエビ　12〜13個
ヤシ砂糖（三温糖または黒糖）大さじ1
カピ　大さじ1
レモン汁　大さじ3
ナムプラー　大さじ1強
<付け合わせ野菜>
インゲン、オクラ、キャベツ、レタス、ブロッコリー、キュウリ、ニンジンなど

●準備
①プリック・キー・ヌーはへたを取る。
②皮を取ったニンニクはあらみじん切りに、干しエビはお湯でもどす。
③付け合わせ用野菜を準備する。

●作り方
①石（木）臼またはすり鉢にニンニク、干しエビを入れてたたく。さらにプリック・キー・ヌーを入れてたたく。
②①にヤシ砂糖または三温糖、カピを加えてたたく。
③ここにレモン汁を加えて混ぜ、最後にナムプラーで調味する。

<ナムプリック・プラー・ドゥック・フー>

■材料
カピは上記同様
サーモン切り身　1切れ
パン粉

●作り方
①蒸し器を火にかけ蒸気が上がってきたらサーモンを入れて蒸す。
②蒸しあがったら包丁で細かくたたく　秘訣❶。
③たっぷりのパン粉にそぼろ状にしたサーモンをのせて混ぜる。
④フライパン／中華鍋に入れた油が中温になったら、サーモンを指先でほぐしながら油に落とし、カリカリになるまで揚げ、紙の上で油をきる　秘訣❷。
⑤器に盛ったナムプリック・カピの上にカリカリのそぼろをのせる。
⑥野菜を付け合わせる。

秘訣
❶タイではナマズを使いますが、日本では脂のあるサーモンで代用しましょう。
❷油がはねるので十分に気をつけて下さい。

基本

カピを軸に、塩味、酸味、甘味、辛味のバランスが味付けの基本です。

もう一工夫

ナムプリック・プラー・ドゥック・フーは、ナムプリック・カピにもう一手間加えて、より味に深みをもたせた少し贅沢な一品です。ここでは、ナマズの代わりに生サケを用いました。むしろ、ナマズより日本人の口にあった「日本でこそ」のレシピになりました。
　付け合わせの野菜は、種類によって生のままでも、湯がいてもいいです。また、野菜の天ぷらやかき揚げ類ともよく合います。

ナムプリック・プラー・ドゥック・フー

ナムプリック・オーン

トマトとひき肉のディップ

トマトと豚ひき肉をベースにした、
一見ミートソースのようなディップです。
この料理はチェンマイの郷土料理です。
トマトを大量に使うのはタイ料理では珍しく、
チェンマイの歴史について
いろいろと想像させます。
味付けは、
トウガラシやナムプラー、カピを入れ、
見かけとは違い、タイ風に仕上げます。

ラッカナーのひとりごと

この料理の特徴は乾燥トウガラシとミニトマトを使うことです。ナムプリック・オーンは、もち米文化圏の北タイにおいて、もち米に合う料理として生まれたようです。私の経験では、この料理は家庭で作るのが一番。どんなに有名なレストランでも、市場の店でも、おいしいナムプリック・オーンを食べることはできません。どうも手が抜いてあるように思えるのです。もっとおいしいものが作れるはずなのに、どうしてなのか不思議なことです。どうぞ、頑張って何度も何度も作ってみて下さい。お家でこそ、きっとおいしいナムプリック・オーンができますよ。

■材料
豚ひき肉 150g
タマネギ 1/4 個
ニンニク 3〜4片
チェリートマト 30個
細ネギ 1/4 束
コリアンダー 2〜3本
粉トウガラシ 大さじ2
カピ 大さじ2
ナムプラー 大さじ1弱
水 300cc
油 適量

<付け合わせ野菜>
オクラ、インゲン、ニンジン、キュウリ、キャベツなどお好みで。

●準備
①タマネギは1センチ角くらいのざく切り、ニンニクは皮を取り除いて、根をカットする（1片は炒め用に輪切りにする）。
②チェリートマトはへたを取り、半分に切る。
③ネギ、コリアンダーは約1センチに切る。
④付け合わせ野菜を準備する。

●作り方
①タマネギ、ニンニク、トウガラシ、カピをフードプロセッサーに入れて細かくする。
②中華鍋を強火で熱し油を入れて、ニンニクの輪切りを炒める。
③①を入れて炒め、次に豚ひき肉を入れて炒める。だいたい火が通ったら、チェリートマトを入れてさらに炒める。
④途中から中火にし、水を50cc入れて煮る。
⑤5分後に水を50cc、10分後に100cc、さらに5分後に100cc入れて煮込む。
⑥その後5分程してナムプラーを混ぜ入れ、強火にする。
⑦最後にネギとコリアンダーを加えて、さっと混ぜる。

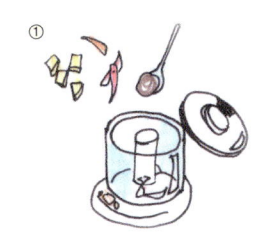

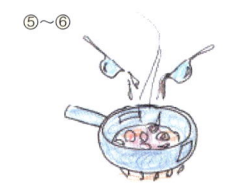

基本
トマトとひき肉をベースに、調味料と塩味と辛味を調節し、全体をまろやかな味に整えます。食卓に供する時に、ネギとコリアンダーを飾ります。いろいろな野菜にたっぷりとつけていただきましょう。

市場で売られていた
ナムプリック用付け合わせ野菜

ラッカナー家ランチの
ナムプリック用付け合わせ野菜
撮影PK

ナムプリック・オーン

ナムプリック・ヌム

トウガラシ、赤小タマネギ、ニンニクのディップ

これも、チェンマイの郷土料理です。
生トウガラシそのものを
ベースにしたディップです。
比較的辛味の少ない、大き目のトウガラシの
まだ青い生のものをベースに、
小粒の辛いトウガラシでさらに辛味をつけます。
あっさりとフレッシュな味ですが、
そうとう辛いです。

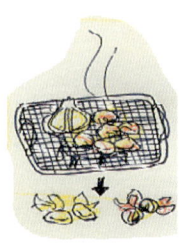

■材料
シシトウ　1袋
タマネギ　1/4個
赤小タマネギ　3個(タマネギ1/4個)
プリック・キ～・ヌー　15本
ニンニク　3～4片
細ネギ　2～3本
コリアンダー　2～3本
ナムプラー　大さじ2弱
スープ(チキンストックなど)　大さじ1

＜付け合わせ野菜＞
セロリ、小松菜、エリンギ、キュウリなど生野菜、温野菜

●作り方
①網を火にかけ、シシトウをこげめがつくまで焼き、さめたら黒いこげめを取り除く。
②タマネギはざく切り、プリック・キ～・ヌーはヘタを取り、いっしょにホイルに包んで、タマネギがやわらかくなるまでホイル焼きにする。
③ニンニク、赤小タマネギ(あれば)は皮をつけたまま、網の上でこげめがつくまで焼き、さめたら皮をむく。
④網焼きした野菜すべてをフードプロセッサーに入れ細かくする。
⑤④をボウルに入れて、ナムプラー、スープ、小口切りしたネギ、コリアンダーを入れて混ぜる。
⑥器に入れ、付け合わせ野菜を添える。

基本
とにかくトウガラシです。調味料と香草で味を調えます。

もう一工夫
付け合わせは必須。温野菜、から揚げ類、ゆで卵、などいろいろな組み合わせが可能です。

■材料
ブラックタイガー　3〜4尾
ニンニク　3〜4片
プリック・キー・ヌー　10本
干しエビ　大さじ1
レモンの皮　少々
カピ　大さじ2
ヤシ砂糖（三温糖）　大さじ1
ナムプラー　大さじ2弱
レモン汁　大さじ4

＜付け合わせ野菜＞
キュウリ、キャベツ、インゲン、ニンジンなど茹で野菜

●準備
①ニンニクは1〜2ミリに薄切り、レモンの皮（約3×6センチ）は千切り、プリック・キー・ヌーは小口切りにする。
②干しエビは水に浸してもどす。
③エビは尻尾を取る。

●作り方
①網を強火にかけ、エビを殻つきのまま1分程度焼く。少し焦げ目がつく。
②カピをホイル焼きして、焦げ目を取り除き、ボウルに入れて、スプーンの背でつぶす。
③②にレモンの千切り、ニンニク、プリック・キー・ヌー、干しエビを加え、次にヤシ砂糖または三温糖を入れて混ぜる。
④焼いたエビの殻を取り、手でちぎりながら入れ、ナムプラー、レモン汁を加えて混ぜ合わせる。
⑤器に入れて最後にレモンの千切り少々を飾る。

カピ（エビペースト）をベースにしながら、エビを焼いて混ぜいれます。
生のエビを使う、すこし贅沢なディップです。
タイでは専らレストランでのメニューですが、臼を使わなくても作れるため、ハイキング時などさっと作って食べたりもします。
あぶって香ばしさを増したカピと焼きエビのコントラストが特徴です。

ナムプリック・クン・ソット

焼きエビ入りディップ

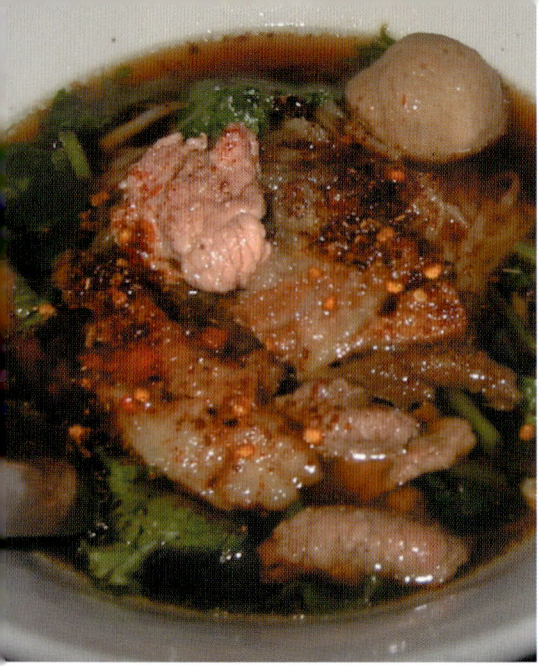
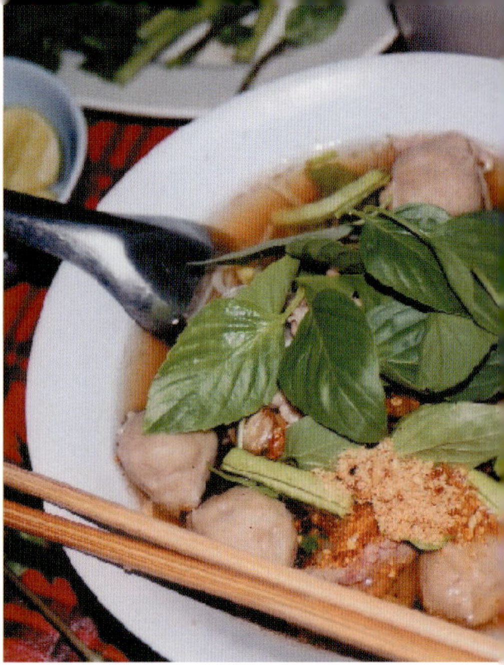
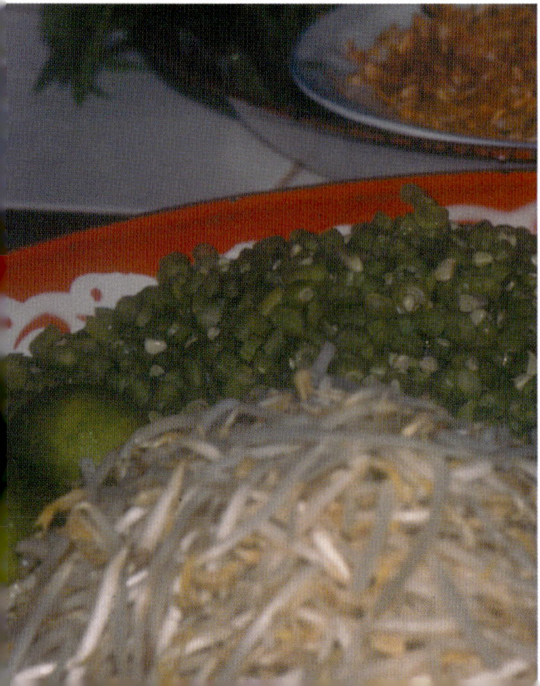
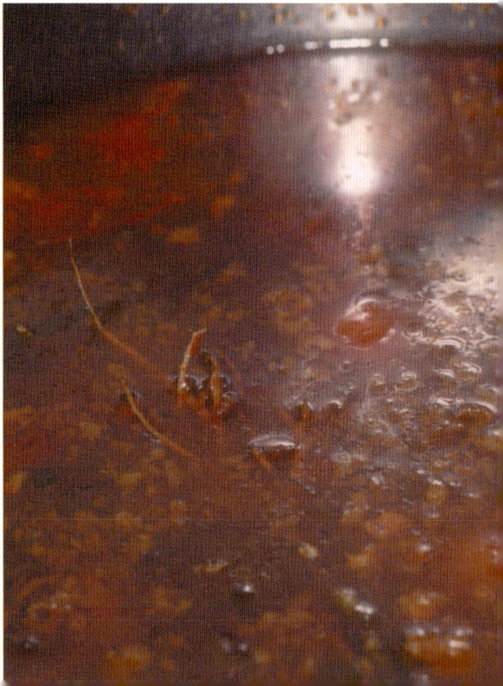

クイティアオ
麺料理

　　　　　　　「クイティアオ」は、コメから作った麺を指します。
　　　　クイティアオは、その太さにより 4 〜 5 種類が使い分けられています。
　　　　　　　また、クイティアオ以外にも、タマゴ麺、揚げ麺、
　　コメの粉を水で溶き発酵させてから搗き出して作る「カノム・チーン」など、
　　　　　　　タイの麺料理には多くの種類の麺が使われます。
　　　　麺の種類のほかにも、汁かけ、あんかけ、炒めもの、といった調理方法、
　　　　　　　　中に入れる具、味付けなど、本当に多様です。
　　「クイティアオ」の語源などから、タイの麺料理は一見、中華料理起源に見えます。
　　でも、タイの麺の多様な味のひとつひとつは、すべて「タイ化」されたものなのです。
　　　　道端や市場、屋台街、食堂、タイの街には麺屋さんがいたるところにあります。
　　　　普段着の、ちょっとソバでも食べようか、という感覚がタイの麺らしさです。
生野菜をふんだんにトッピングしたり、ライムや酢、トウガラシ、ナムプラー、砂糖などで、
食べる人それぞれが味付けしたりする光景は、タイの麺の風物詩と言ってもよいでしょう。
　　　　　　ここでは、そのすべてを紹介することはとてもできませんが、
　　　　　　特に選りすぐりの、それぞれ趣向の違う 6 品を紹介します。

＜左頁上段左＞路地裏にある麺屋さんのクイティアオ（バンコク）　撮影PK
＜同上段右＞肉団子入りクイティアオ、生のスイートバジルを散らして食べる（ウボンラーチャターニー県）　撮影PK
＜同下段＞「カノム・チーン・ナムヤー」トッピング用に細かく切られた生野菜類と手間をかけたスープ。村のおばさんの手作り料理（ラッカナー自宅）
＜右頁＞バンコクっ子に人気の麺屋、「クイティアオ・ター・サヤーム」。店入り口のトレードマークの船は、今は少なくなった運河を走る船の食堂を思い起こさせる（バンコク　サイアム・スクエア）　撮影PK

クイティアオ・ムー・トムヤム

トムヤム風味豚肉入り汁麺

最近、タイで流行の、辛味、酸味、塩味が
ほどよい「トムヤム味」の汁ソバです。
「ナム・サイ(澄んだ汁)」と呼ばれる、
あっさり目のクイティアオです。
レモンで爽やかな風味に仕上げます。
ネギやセロリといった香草に加え、
豚ひき肉やカマボコ類など、
具をたくさん入れて
彩り豊かで楽しい一杯にしましょう。

ラッカナーのひとりごと

トムヤムの味は辛くて、酸っぱい。クイティアオ・ムー・トムヤムは、この味付けをベースに麺のスープを作ったもので、一般に連想する麺の味とはちょっと違った不思議な味がします。私がはじめてこの料理を食べたのは、ラーチャブリー県のダムヌーンサドゥアクの水上マーケットに浮かぶ船の屋台でのこと。まだ10歳くらいだったと思います。世界でこんなにおいしいクイティアオがあるなんて、子供の私はすごく感動しました。このレシピの味付けはその時の強烈な印象からヒントを得たものです。

■材料
米麺またはタマゴ麺　4〜5人分
豚ひき肉　200g
カマボコ　1本
カニカマボコ　5本
ニンニク　2〜3片
ナムプラー　大さじ2
胡椒　少々
コンソメキューブ　2個
塩　小さじ1
水　7カップ
モヤシ　1袋
細ネギ　1/2束
セロリの葉　1本分
サクラエビ　大さじ2
揚げニンニク　大さじ3
揚げトウガラシ　大さじ2
レモン　半個
レモン汁　適量

●準備
①モヤシは茹でてざるにあげる。
②ネギは小口切り、セロリの葉はみじん切り、レモンは輪切りにする。
③カマボコは約3ミリに切る。

●作り方
①鍋に水を入れて温め、コンソメキューブを加え、塩で調味する。
②ボウルに豚ひき肉、ニンニクのみじん切り2〜3片分、胡椒、ナムプラーを入れてよくこねる。
③②を小判状に成形して①の中に入れる。カマボコ、カニカマボコも入れて煮る。
④③に火が通る間に、麺を茹でてざるにあげ、水分をきる。
⑤お椀に麺を入れて、③の具を置く。
⑥⑤にネギ、セロリの葉、サクラエビ、揚げニンニク、揚げトウガラシ、レモンの輪切りを飾り、熱いスープを注ぐ。
⑦⑥にナムプラー小さじ1、胡椒をふり、最後にレモン汁小さじ1を加える。

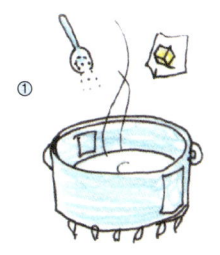

基本

鶏ガラスープに、ナムプラー、レモン、揚げトウガラシが味の基本です。揚げトウガラシは乾燥トウガラシをこんがりと揚げたものです。揚げニンニクやサクラエビでコクと甘味を出します。

もう一工夫

麺は、米麺が基本ですが、タマゴ麺やインスタントラーメンの麺、春雨でもよいでしょう。

クイティアオ・ムー・トムヤム

クイティアオ・ヌア・トゥム

牛肉の甘辛煮入り汁麺

牛スジを大根と煮込んだ濃厚なスープの
「ナム・クン(濁った汁)」と呼ばれる
クイティアオです。
レモングラス、コリアンダーの根、八角、
といった各種スパイスで
コトコト煮込んだスープは絶品です。
とろとろになった牛スジに加えて、
薄切り牛肉をさっと湯がいて具にします。

ラッカナーのひとりごと

このレシピは日本に住んでいる間に考え出したものです。もちろん、タイでも食べることはできますが、私はタイでこれを作ったことがありません。京都の下宿近くのマーケットを歩いていて、牛スジが安いのに気づいたのがこの料理を作るきっかけになりました。「うーん、牛スジを使って何かタイ料理を作れないかな。そういえば牛スジを使った麺料理があったな」と考え、何度も試作を繰り返しできあがったものです。日本にはおいしい醤油と味噌があります。これを使って作るクイティアオ・ヌア・トゥムはタイの味とはちょっと違いますが、むしろこちらの方がおいしいかもしれません。タイ人留学生の間でも大評判でした。

■材料

米麺　4〜5人分
牛スジ　400g
牛肉薄切り　250g
大根　1/2本
カー（タイショウガ）　1片約3センチ
ニンニク　3〜4片
レモングラス　1本
黒粒胡椒　10粒
コリアンダーの根　2本
コンソメキューブ　1個
八角　3個
塩　大さじ1
オイスターソース　大さじ1
醤油　大さじ3
味噌　大さじ2
三温糖　大さじ3
水　7〜8カップ
野菜（レタス、モヤシ、セロリ、細ネギなど）　適量
胡椒　適量

●準備
①カー、皮を取ったニンニク、レモングラスはざく切りにする。
②①の材料、黒粒胡椒、コリアンダーの根を木臼（またはすり鉢）に入れ、すりこぎで叩く　秘訣❶。
③大根は皮を取り、厚さ1.5センチのいちょう形に切る。
④野菜をすべて洗う。レタスは大きくちぎり、モヤシは根を取る。セロリはざく切り、ネギは小口切りにする　秘訣❷。

●作り方
①水6カップを鍋に入れて、沸騰させ、準備②の材料と、コンソメキューブ、八角、塩を入れる。
②①に牛スジを加え1時間ほど、途中水1/2カップ足して煮込む　秘訣❸。
③②にオイスターソース、醤油、味噌、三温糖を入れ、少し煮込む。
④③に大根を入れて、さらに約1時間、途中水を1/2カップたす。
⑤麺を茹でてざるにあげる　秘訣❹。
⑥深めの器にレタス、モヤシを適量置く　秘訣❺。
⑦その上に麺を入れて④のスープを少し注ぎ、味のついたスジ肉、大根を盛り付けていく　秘訣❻。
⑧さらに薄切り肉をスープの中でしゃぶしゃぶを食べる時のように温めて⑥に盛り付け、スープをたっぷり注ぐ。
⑨セロリ、ネギを飾り、胡椒をふる。

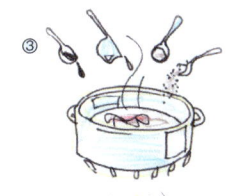

秘訣
❶すり鉢でもフードプロセッサーでもよい。
❷野菜の準備はスープを煮込んでいる間にするとよいでしょう。
❸アクがでるので小まめに取るようにしましょう。
❹麺は米麺のほか、春雨などでも代用できます。素麺で試してみましたが、これもなかなかでした。
❺器の半分量くらい野菜を入れます。
❻麺は少し、握りこぶし大くらいの量にします。麺と野菜が同量くらいの感じです。何杯でもお代わりをどうぞ。

カー（タイショウガ）

クイティアオ・ヌア・トゥム

バミー・ヘーン・ムー・デーン

焼き豚入りタマゴ麺、サラダ風

麺を湯がいて油をからめたものに
具を入れ、調味料で味付けする
という「汁なし」麺です。
ちょうど、汁ソバと焼きソバの中間
というイメージでしょうか。
スープがない分、焼き豚やワンタン
といった具の存在感が際立ちます。
この具と麺とのからみが
おいしさの秘訣です。

■材料
タマゴ麺　4～5人分
豚ロース肉　とんかつ用2枚
三温糖　小さじ1
醤油　大さじ2/3
胡椒　適量
豚ひき肉　100g
ニンニク　1片
ナムプラー　大さじ2/3
ワンタンの皮　20枚
青菜　1/2束
モヤシ　1袋
セロリの葉　1本分
細ネギ　1/2束
ニンニク油　大さじ2
揚げニンニク　大さじ4
カマボコ　1本
ピーナツ　大さじ2～3
味つけ（グラニュー糖、粉トウガラシ、酢、ナムプラー）

●準備
①ボウルに豚ロース肉を入れて、三温糖、醤油、胡椒で下味をつける。
②豚ひき肉と、みじん切りニンニク1片分、ナムプラーをよく混ぜて、ワンタンの皮につめる。
③青菜を茹でて約3センチに切る。モヤシも茹でる。セロリの葉はみじん切り、ネギは小口切りにする。カマボコを幅約3ミリに切る。
④ピーナツを細かく砕いておく。

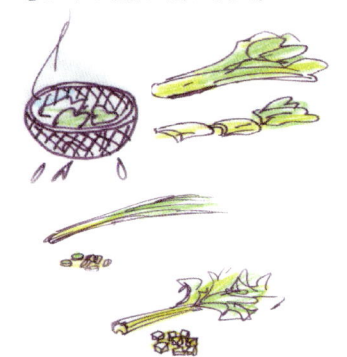

●作り方
①ワンタンは茹でて皿にとり、ニンニク油大さじ1をからめておく。
②麺を湯がいて、同様にニンニク油大さじ1をからめておく。
③下味をつけた豚ロース肉をフライパンで焼く。
④豚肉を食べやすい大きさに切る。
⑤器に②の麺を入れて、上にワンタン、④の豚肉、青菜、カマボコを置く。上にセロリの葉とネギ、ピーナツ、揚げニンニクを飾る。
⑥味付けはグラニュー糖、粉トウガラシ、酢、ナムプラーの4つの調味料をお好みの量入れる。

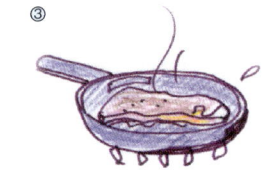

基本
ニンニク油をゆでた麺にからめるだけです。後の味付けは食べる人のお好みで。スープがない分、焼き豚やワンタンといった具に手間をかけましょう。

もう一工夫
インスタント棒ラーメンでも代用できます。

＜ニンニク油＞
①ニンニク1株の皮をむいてフードプロセッサーであらいみじん切りにする（包丁でもオーケー）。
②たっぷりの油でニンニクを茶色になるまで揚げる。この油がニンニク油になる。揚げたニンニクは汁ものや汁ソバのうきみ、お粥のトッピングなどに利用できます。

4つの基本調味料

バミー・ヘーン・ムー・デーン

カノム・チーン・ナムヤー

タイ風素麺、刻み野菜と魚肉ソースかけ

「カノム・チーン」は
直訳すれば、「中国のお菓子」。
他の麺とは違い、米粉を水で溶いて発酵させた後、
トコロテン式に突き出したものです。
これに、魚肉やスパイスを煮込んだ「ナムヤー」
というソースをかけて食べます。
もともと中国起源なのかどうかは定かでは
ありませんが、カレー・ペーストやココナツミルク、
スパイスの使い方はいかにもタイ風です。
ここでは、「カノム・チーン」によく似た
素麺で作ります。

1人分の盛り付け

■材料（6〜7人分）
素麺　5束
タラ切り身　150g
目鯛　150g
レモングラス　6本
バイ・マクルート　2枚
クラチャーイ（タイゴボウ）　50g
レッド・カレーペースト　大さじ4
カピ　大さじ1/2
ココナツミルク　1 ½缶（600ml）
三温糖　大さじ2〜3
ナムプラー　大さじ4〜5
水　3カップ

＜トッピング野菜＞
インゲン1/2袋、モヤシ1袋、高菜漬け1/2束、ニラ1束、キャベツなど

●準備
① トッピング用野菜のインゲンは筋を取り、茹でて小口切り。モヤシは半分量を湯がき、半分は生。高菜漬け、ニラは長さ約3センチに切る。キャベツは千切り。
② たっぷりのお湯で素麺を湯がいて、ざるで水を切り食べやすいようにくるっとまとめる　秘訣❶。

●作り方
① 水5カップ（材料とは別）を鍋に入れて強火にかけ、レモングラス、バイ・マクルートを入れる。
② 沸騰したら魚を入れ、約10分煮る。スープのみ捨てて、魚、香草類は皿に置いてさます。
③ 魚を冷やす間に、クラチャーイ、レッド・カレーペースト、カピをフードプロセッサーで細かくして別の容器にあける。
④ ②の荒熱がとれたら、魚、レモングラス、バイ・マクルートをフードプロセッサーに入れて混ぜる。
⑤ 深鍋にココナツミルクの固形の部分200mlほどを入れ、強火にかける。沸騰したら弱火にして、細かくした③のペーストを入れ、おたまで混ぜる　秘訣❷。
⑥ ⑤に④の魚のペースト、ココナツミルク1缶目の残り200ml、水約1/2カップ、三温糖を入れて強火にする。
⑦ 沸騰する前に中火にして、ナムプラー大さじ3強、ココナツミルク100mlを入れる。
⑧ 熱くなってきたら、さらに残りのココナツミルク100ml全部と水1/2カップを加える。
⑨ 熱くなったら、弱火にして水2カップを数回に分けて入れる。最後に三温糖、ナムプラー大さじ1で味を調整する。
⑩ 麺、野菜を皿に盛り付ける。ソースを注ぐ　秘訣❸。

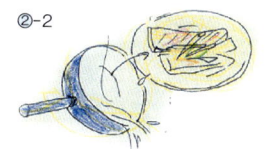

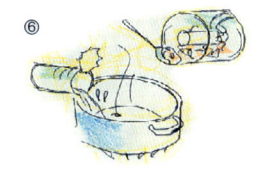

②-1
②-2
④
⑤
⑥

秘訣
❶ 親指を除く指先に麺をくるくると巻きつけるようにしてまとめます。
❷ ケーンを作る時と同じ感じです。オレンジ色の油が表面にじわっと出てくるのを待ちましょう。
❸ 盛り付けは、左の写真を参考にしてください。

基本
ほぐし入れる魚肉、カレー・ペースト、ココナツミルクが味のベースになります。スパイス類では、クラチャーイ（タイゴボウ）がポイント。生がない場合は乾燥のものを水に戻して使いましょう。タイ食材は、専門店だけではなくwebサイトの通販などでも入手できるようです。

もう一工夫
魚は、ここでは、タラと目鯛を使いましたが、白身魚全般、またはサバでもオーケーです。

カーオ・ソーイ

チェンマイ風カレー麺

タマゴ麺とカレー・ペースト
それにココナツミルクをベースにした
スープの麺料理です。
チェンマイの名物料理で、
もともとは「チーン・ホー」と呼ばれる、
中国雲南省から陸伝いにやってきたムスリムの
中国人が伝えたと言われています。
薬味の高菜漬けとタマネギ、
それにレモン汁をぎゅっと搾って、
コクがありながらしつこくない
絶妙な味のバランスを演出します。

ラッカナーのひとりごと

私の知っている日本人でカーオ・ソーイを嫌いな人はいません。日本で食べるカレーうどんに似ているからでしょうか。でも、この料理はもっと個性的で面白いのです。まず、カレーうどんと違うのは、ココナツミルクを使うことで味がとってもマイルドになること。さらにトッピングに揚げた麺を使うのがユニーク。これらを混ぜて食べるカーオ・ソーイは見た目に楽しいし、味も個性的な麺料理になるのです。麺料理にうるさい人に、是非おすすめしたい一品です。

■材料
パスタ麺またはタマゴ麺　5人分
鶏手羽元肉　12〜13本
レッド・カレーペースト　大さじ2 ½
カレー粉　小さじ2
ケチャップマニス　大さじ1
ココナツミルク　1缶（400ml）
三温糖　大さじ2
ナムプラー　50cc
水　2カップ

＜トッピング＞
高菜漬け　1/2束
細ネギ　1/2束
タマネギ　1個
トウガラシ　適宜
長崎ちゃんぽん麺　1/2
レモン汁　適量
ケチャップマニス　適量

●準備
① トッピング材料を準備する。高菜漬けは約1センチのざく切り、タマネギは約1センチの角切り、ネギは小口切りにする。
② トウガラシは油で揚げてみじん切りにする。
③ 長崎ちゃんぽん麺を揚げて、手で押しながらばらばらにする。

●作り方
① 中華鍋にココナツミルクの固形分200mlくらいを入れて炒める。油が浮いてきたらカレーペーストを入れさらに炒める　秘訣❶。
② ①の油が出てきたら、カレー粉、ケチャップマニスを入れて混ぜ、鶏手羽元肉を加えてまぶしながら炒める。
③ 強火から中火にして、残りのココナツミルク全部200mlと、水1カップ、三温糖、ナムプラーを入れてしばらく煮る。
④ 水を約1カップ加えて鶏肉がやわらかくなるまで煮込む。
⑤ 食べる前に、麺を湯がく　秘訣❷。
⑥ 器に麺を盛り、④の鶏肉とスープを注ぎ、上に高菜漬け、タマネギ、揚げトウガラシ、揚げ麺、ネギのトッピング材料をたっぷりと置く。
⑦ さらに、レモン汁、ケチャップマニスをお好みの量かける。

①〜②

③

⑤

秘訣
❶ ケーンを作る時と同じ要領で。火は強火です。
❷ 麺はタマゴ麺を使います。ここではイタリアのパスタ麺で代用してみました。

基本
カレーのことを念頭に各種調味料で味を調えます。

もう一工夫
鶏肉のほか、牛スジ肉でもオーケー。その場合、水を足した後、やわらかくなるまでコトコト煮込みます。

ケチャップマニス
（インドネシアの甘口醤油）
インドネシア語またマレー語で、「ケチャップ」はソース、「マニス」は甘いの意味です。

カーオ・ソーイ

パット・タイ

タイ風焼きそば

米麺で作る焼きそばです。
ピーナツや干しエビの甘さとレモンの芳香、
それにみずみずしい生のモヤシやニラの
歯ごたえがいかにもタイ風です。
鶏肉も入れますが、どちらかというと野菜たっぷりの
焼きそばです。
タイではもっぱら屋台の料理として、
専用の鉄板でジュウジュウ焼いて作られます。

■材料

米麺　約400ｇ（4〜5人分）
鶏モモ肉　200ｇ
厚揚げ（三角）　1個
タクアン漬け　約10センチ
ピーナツ　約70〜80ｇ
ニンニク　3〜4片
干しエビ　大さじ2
ニラ　2束
モヤシ　2袋
レモン　1個
タマゴ　2個
三温糖　小さじ4
ナムプラー　大さじ2弱
醤油　大さじ2弱
オイスターソース　大さじ2弱
粉トウガラシ　小さじ2
油　適量
酢　適量

●準備

①鶏モモ肉は厚さ5ミリ一口大に切る。
②厚揚げ、タクアン漬けは5〜6ミリのあられ切りにする。
③ピーナツはあらく砕き、ニンニクは荒くみじん切りにする。干しエビは水につけてもどす　秘訣❶。
④ニラは約3センチに切り、モヤシはさっと洗っておく（飾り用も）。レモンはくし型に切る　秘訣❷。
⑤米麺はお湯で湯がき、約15センチに切る　秘訣❸。

●作り方

　2回に分けて作ります。材料は半分ずつ使います。
①中華鍋に油を入れて、ニンニクを茶色になるまで炒める。
②鶏肉を鍋に入れ、肉の色が変わる前にタマゴ1個を割り入れほぐす。
③②にピーナツ、厚揚げ、タクアン漬けを入れて炒め、肉に火が通ったら、麺を入れて混ぜる。
④三温糖、ナムプラー、醤油を入れて混ぜる　秘訣❹。
⑤さらに粉トウガラシ、オイスターソース、干しエビを入れて手早く混ぜる。
⑥モヤシ、ニラを入れて混ぜる　秘訣❺。
⑦皿に盛りつけて、レモン、生モヤシ、生ニラを添える。酢を用意して好みの量をかける。

秘訣

❶ピーナツを砕くのは、包丁を使っても、フードプロセッサーを使ってもよいでしょう。
❷ニラとモヤシは飾り用に取って置いて下さい。飾り用のモヤシは根を取るほうが食べやすいですよ。
❸米麺のほか春雨やマロニーで代用できます。
❹香ばしくするために、麺を鍋にぺたっと貼り付けて焼きつつ混ぜるとおいしいです。
❺シャキシャキ感を残すために手早くすることが肝心です。

基本

麺を炒める時の味付けは砂糖をきかせて少し甘めに仕上げます。ただ、食べる際にお好みで調節できるように全般的に薄味にしておきます。

もう一工夫

麺は春雨でもオーケーです。もう少し贅沢に、というのなら、生のエビをいっしょに炒めるとよいでしょう。

パット・タイ　87

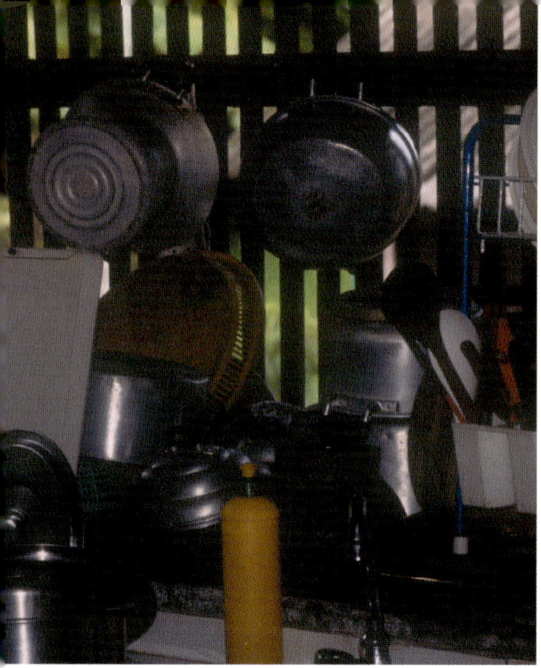
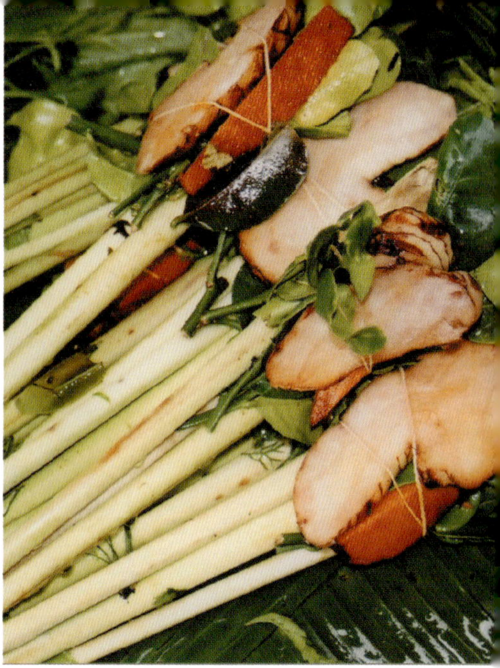
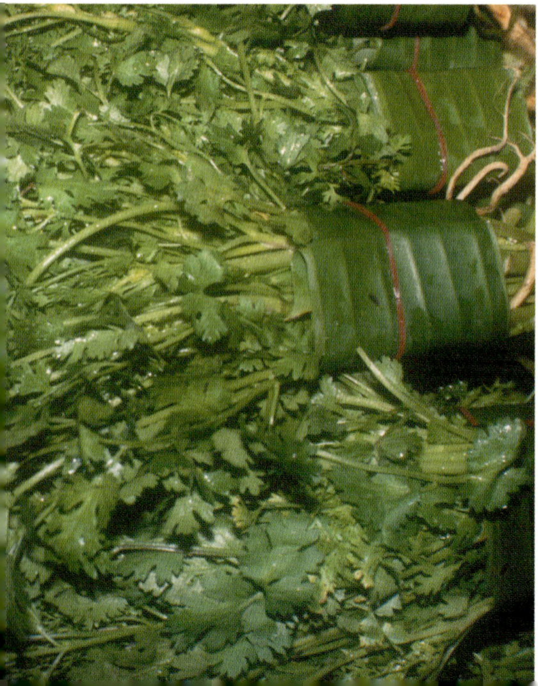
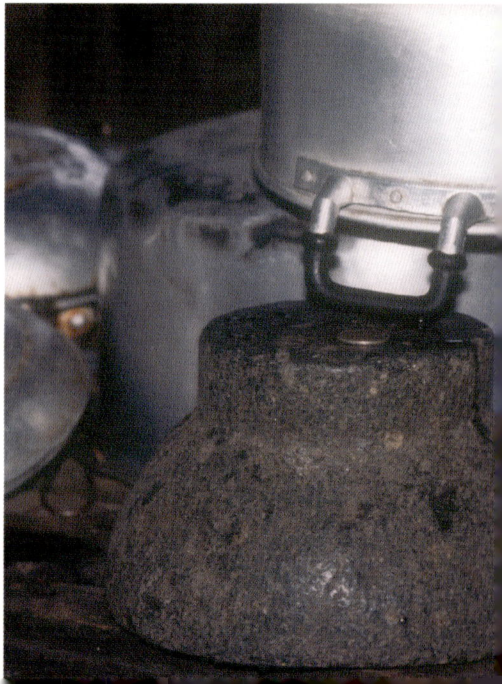

トム

煮もの

　　　　　　　外国人にとって、タイ料理といえば「トムヤム・クン」。
　　　　　バンコクのレストランでも、こちらが外国人と分かると、
　　　　メニューを見る前から「トムヤム・クン？」と聞いてきたりします。
　　　　　　　トムヤム・クンはエビ（クン）のトムヤムという意味で、
　　　トムヤムは、さらに大きく「トム（煮物）」という料理のカテゴリーに入ります。
　　　　　　　「煮物」というと、ことこと煮込むようなイメージですが、
　　　タイ料理の「トム」は、具材を、ハーブや香辛料とともにさっと煮ます。
　　「トム」もケーンと同じ汁物ですが、ケーンほど各素材が融合していない、
　　どちらかというと、主な具材の持ち味をそのまま生かす料理と言えるでしょう。
　　　　　　　　だから、感覚的にはスープに近くなります。
　　　　　　実際、トムヤム・クンは、「世界三大スープ」の１つです。
　　　　　　でも、タイの食卓では、トムは具を食べる料理なのです。
　　　　　　　　　もちろんスープもいっしょに飲みますが、
　　　具がなくなってスープだけが残ると、もうそれ以上食べようとはしません。
　　農家で、地鶏をつぶすと、ハーブといっしょにさっと煮込んでトムにします。
　　　　地鶏の味は絶品。たまにしか口にできないぜいたくな料理です。
　　　それを車座に囲んで、焼酎を飲みながらわいわいやるわけです。
　　　　　　ここでは、トムヤムをはじめ、代表的なものを３品、
　　　　　　それに加えて、中華風の八角煮込みを紹介します。
　　　　　　　　　　具もスープも存分に楽しんでください。

＜左頁上段左、下段右＞ラッカナー自宅のキッチン。石臼のクロックは東南アジア各地の台所で見る定番台所道具。
＜同上段右＞トムヤム用香辛料セット。レモングラス、カー、バイ・マクルート（チェンマイ　トン・パヨーン市場）　撮影PK
＜同下段左＞タイ料理に欠かせないコリアンダー（同上　トン・パヨーン市場）
＜右頁＞スープ料理用の器「モーファイ」に入ったトムヤム・クン（シンブリー県のレストラン）

トムヤム

タイ風スープ

言わずと知れた、タイ料理の代表格です。
特に、エビを具にした「トムヤム・クン」は、
カップスープの素が発売されるくらいに有名です。
世界三大スープの1つに数えられますが、
タイでは、特別に贅沢なものではなく、
ごく普通に家庭の食卓に並びます。
庭に植えた生スパイスを摘んで、
具といっしょにさっと煮る、
素朴で簡単な料理なのです。
ここでは、エビだけでなく、
日本ならではのズワイガニも含め、
魚介を中心に多彩な具材を入れてみました。

ラッカナーのひとりごと

このレシピはレストランの味ではありません。タイの家庭料理の味です。家庭のトムヤムはココナツミルクもミルクも砂糖も絶対使わない。使うのはレモングラス、カー（タイショウガ）、プリック・キー・ヌー、バイ・マクルート、シャロット、そしてたっぷりのライム汁です。

　トムヤムといえばトムヤム・クンだけが有名になり、まるでエビの辛いスープの代名詞のように思われているけれど、これは間違い。トムヤムにはいろいろな種類があるのです。魚でも肉でもそしてキノコでもトムヤムができます。今回のレシピは、魚介類のおいしい日本ならばこそできる一品、魚介をたっぷり使ったトムヤムです。

■材料
有頭エビ 5尾
ズワイガニ 300g
ハマグリ 200g
鯛のあら 200g
イカ 1はい
赤小タマネギ 4〜5個
　　（またはタマネギ半個）
プリック・キー・ヌー 10本
ニンニク 2〜3片
カー（タイショウガ） 3センチ
コリアンダーの根 3本
レモングラス 6本
バイ・マクルート 7〜8枚
コリアンダー 1/2束
コンソメキューブ 1個
塩 小さじ1/2
ナムプラー 大さじ2
水 6〜7カップ
レモン汁 大さじ3〜4

●準備
①魚介類は洗っておく。イカは下処理をして食べやすい大きさに切る 秘訣❶。
②赤小タマネギ（タマネギの場合はざく切り）、プリック・キー・ヌーはへたを取り、ニンニクは皮を取る。カーは薄切り、レモングラスは大きな場合切る。バイ・マクルートは中軸を取り除いておく。
③コリアンダーは長さ1〜2センチのざく切りにしておく。

●作り方
①鍋に水5〜6カップ入れて火にかけ、煮立ったら赤小タマネギ、プリック・キー・ヌー、ニンニク、カー、コリアンダーの根、レモングラスを入れる。約3分煮た後、塩、コンソメキューブを入れて5分ほど煮る 秘訣❷。
②①に魚介類をすべて加えて煮る。途中で水カップ1/2くらい加える。
③バイ・マクルートを入れてナムプラーで調味する。
④食べる前に鍋にレモン汁を入れる。
⑤器に注ぎ、コリアンダーを飾る。お好みでナムプラー、レモン汁を加える 秘訣❸。

①-1

③-2

秘訣

❶このレシピは魚介類がふんだんな豪華版。魚介類はエビだけでもオーケー。その場合はエビの量を増やしてください。トムヤム・クンになります。
❷鶏ガラスープを使えば、さらにおいしくなります。
❸コリアンダーがない場合は、ネギの小口切りやセロリの葉のミジン切りなどで代用しましょう。お好みで追加のナムプラーとレモン汁は材料リストには入っていません。

基本
生のスパイス類の爽やかな香味と、ナムプラー（塩味）、トウガラシ（辛味）、ライム汁（レモン汁、酸味）のバランスが味の基本です。

もう一工夫
具材には、このほか、白身魚や鶏肉、豚スペアリブを入れてもよいでしょう。ただし、豚スペアリブは単品で、魚介などとは混ぜないこと。

トムチューット・タオフー・ムー・サップ

豆腐と肉団子のすまし汁

タイ料理の中でも
例外的にあっさり味のスープです。
酸味も辛味もなく、澄んだ汁は、
まるで和食のよう。
それでも、ナムプラーやセロリが控えめに
タイを主張しています。
ハッキリした味や香りのタイ料理の
メニューにあって、ホッとできる一品です。

ラッカナーのひとりごと

タイ料理といえば辛いというイメージがあります。でもタイ料理は、辛いもの、酸っぱいもの、そして優しいものでできているのです。タイ人はその日の献立を考える時、このコンビネーションを大切にします。トムチューットは優しいものの代表です。

　トムチューットにはいろいろな種類がありますが、ここでは豆腐を使いましょう。日本は豆腐がとってもおいしいので、日本滞在中、私はこのトムチューットをよく作りました。

■材料
豚ひき肉　200g
豆腐　1丁
生シイタケ　4〜5枚
マッシュルーム　10個
細ネギ　1/3束
セロリ(葉の部分)　1本分
ニンニク　1片
胡椒　適量
ナムプラー　大さじ2
小麦粉　大さじ1弱
コンソメキューブ　1個
黒粒胡椒　10個
塩　大さじ1/2
水　6カップ
ニンニク油　大さじ1強
　　　(作り方は81頁)

●準備
①豚ひき肉、ニンニク(みじん切り)、胡椒、ナムプラー大さじ1、小麦粉をボウルに入れて、手でしっかりと混ぜる。まとまってきたらボウルの面にたたきつけるようにしてさらにこねる　秘訣❶。
②豆腐は1.5センチのさいの目切りにする。
③シイタケは石づきを取ってあらく切り、マッシュルームも同様にあらく切る。ネギは小口切り、セロリの葉はみじん切りにする。

●作り方
①鍋に水6カップ、コンソメキューブ、黒粒胡椒、塩を入れ強火にかける。
②沸騰したら、中火にして肉団子を成形しながら鍋に落とす　秘訣❷。
③アクを時々取りながら5分ほど煮てシイタケ、マッシュルームを加える。火が通ってきたら豆腐を入れ3〜4分煮る。
④ニンニク油とナムプラー大さじ1を入れて煮立たせる。
⑤お椀に注ぎ、ネギとセロリの葉を浮かす。

秘訣

❶すり鉢でこねてもいいですよ。団子をふわっと仕上げたければ、よくこねること、また溶きタマゴを入れてもいいでしょう。

❷手で成形をする場合、団子の真ん中を少し窪ませる。または、スプーンでボール状に成形してもよい。

基本
ナムプラー主体のシンプルな味付けです。豚ひき肉の下味が隠し味になります。浮き身はコリアンダーにネギですが、セロリの葉のざく切りでも代用できます。

もう一工夫
豆腐・シイタケ類の代わりに冬瓜を入れると、「トムチュート・フェーン」(冬瓜のすまし汁)になります。

トムチュート・タオフー・ムー・サップ

パロー

豚バラ肉とタマゴの八角煮

八角、シナモンといった香辛料に
醤油と砂糖で甘辛く煮込みます。
もともとは中華料理なのでしょうが、
タイ料理の中に違和感なく溶け込んで、
一膳飯屋や農家の食卓のメニューにも
なっています。
甘い煮汁で煮込んだ豚肉やタマゴは
子供にも大人気です。

■材料
豚バラ肉かたまり　400ｇ
厚揚げ　5個
高菜漬け　1袋
タマゴ　10個
コリアンダーの根　1本
ニンニク　2〜3片
コンソメキューブ　2個
シナモンスティック
　　　　　1本（約15センチ分）
八角　4〜5個
塩　小さじ2弱
三温糖　大さじ6〜7
醬油　100cc
黒粒胡椒　15〜20個
水　5〜6カップ

●準備
①豚肉を3〜4センチ角、高菜漬けを5〜6センチ、厚揚げを半分に切る　秘訣❶。
②タマゴをゆで、殻を取る。
③コリアンダーの根と皮を取ったニンニクは包丁の背で軽く押しつぶしておく。

●作り方
①鍋に水3カップ入れ、沸騰してきたら、ニンニク、コリアンダーの根、コンソメキューブ、シナモンスティック（大きかったら折って）、八角、塩を入れる。
②①に、切った豚肉を入れて煮込み、時々あくを取る。
③沸騰してきたら、中火にして、三温糖、醬油、黒粒胡椒を入れて、約10分煮る。
④③に切った高菜漬け、厚揚げ、最後にゆでタマゴを入れ、蓋をしないまま弱火で約1時間煮込む　秘訣❷。
⑤煮込んでいる途中、水およそ2カップを数回に分けて加える。同様に三温糖大さじ2〜3も数回に分けて加え味を調整する。

秘訣
❶厚揚げは湯通しをしなくてもよい。
❷煮込む時は、蓋をしないように。蓋をすると汁がにごります。

基本
香辛料と醬油、砂糖が味の基本です。「甘辛」のバランスはお好みでよいでしょう。

パロー　95

トム・カー・カイ

ココナツミルク入り鶏肉のスープ

鶏肉をカー(タイショウガ)やレモングラス
といった生スパイスとともに
さっと煮たスープです。
トムヤムと似ていますが、
ココナツミルクを入れるところが
最大の違いです。
ココナツミルクとライム汁(レモン汁)
の組み合わせで
まろやかな味に仕上げます。

■材料
鶏モモ肉　500g
手羽元肉　7～8本
タマネギ　1/4個
シメジ　2パック
エノキタケ　1袋
赤パプリカ　4～5個
細ネギ　1/4束
カー（タイショウガ）約5センチ1片
ニンニク　2～3片
プリック・キー・ヌー　15本
バイ・マクルート　7～8枚
レモングラス　10本
コリアンダー　根1本
ココナツミルク　1缶（400ml）
お湯　2カップ
水　3～4カップ
三温糖　大さじ2
ナムプラー　70～80cc
レモン汁（ライム汁）　大さじ5

●準備
①鶏モモ肉は一口大に切る　秘訣❶。
②タマネギはざく切りにする。
③シメジ、エノキタケは水で洗って根を落とし、ほぐしておく　秘訣❷。
④赤パプリカは細切り、ネギは約2センチに切る。
⑤カーは皮付きのまま3～4ミリに切り、ニンニクは皮をあらく取り、プリック・キー・ヌーは包丁の面で押しておく。バイ・マクルートは中軸を取り外しておく。

●作り方
①鍋にココナツ缶から水分のところ半分量とお湯2カップを入れて強火にかける。
②温まってきたら水2カップを加えて、カー、ニンニク、プリック・キー・ヌー、バイ・マクルート、レモングラス、コリアンダーの根を入れて数分煮る。次にタマネギ、シメジ、エノキタケ、切ったモモ肉と鶏手羽を入れて煮こむ。途中、水約1カップをたす。
③具が煮えたら、残りのココナツミルク全部と、三温糖、ナムプラー、レモン汁大さじ3を入れて調味する。
④最後にパプリカとネギとプリック・キー・ヌー5本を入れる。
⑤料理を出す直前に、レモン汁大さじ2を鍋に入れてさっと混ぜ、お椀に盛り付ける。

秘訣
❶手羽元肉を使わず、モモ肉だけでもよい。その場合はモモ肉の量を増やしましょう。
❷エノキタケは省略してもよい。

基本
生のスパイス類の爽やかな香味と、ナムプラー（塩味）、トウガラシ（辛味）、ライム汁（レモン汁、酸味）、さらにココナツミルクの甘味のバランスが味の基本です。

レモングラス

トム・カー・カイ

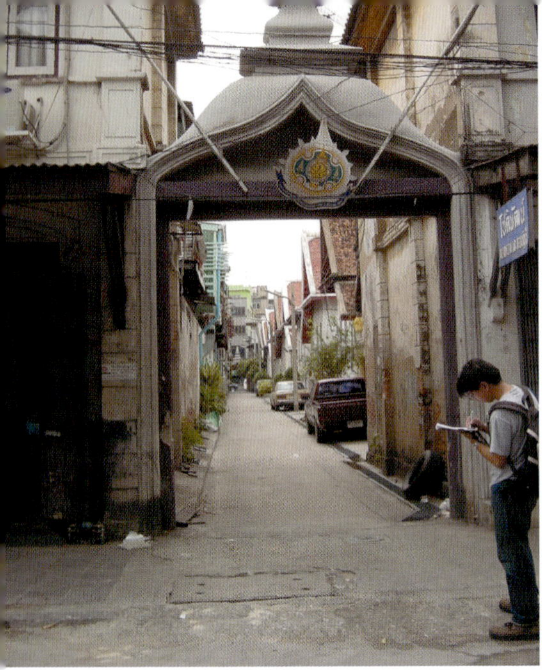
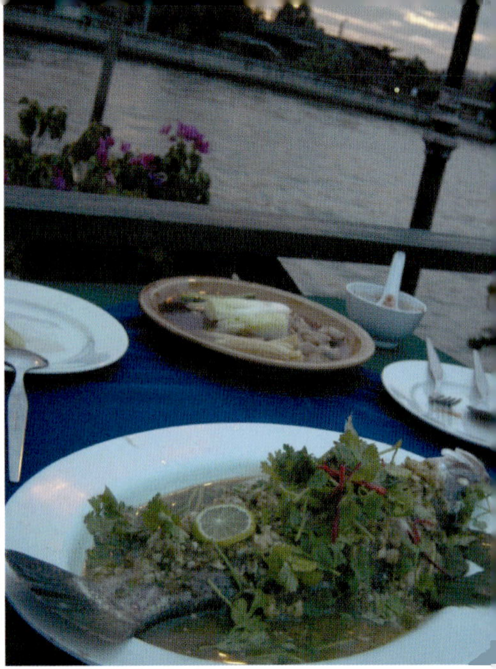
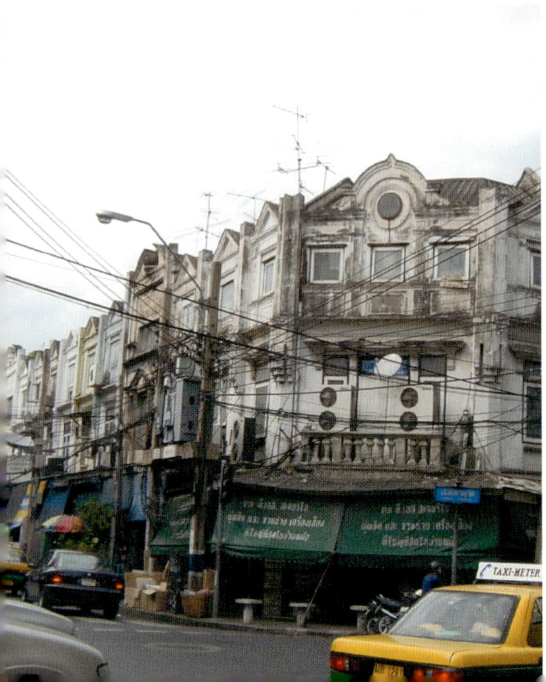
TAXI-METER
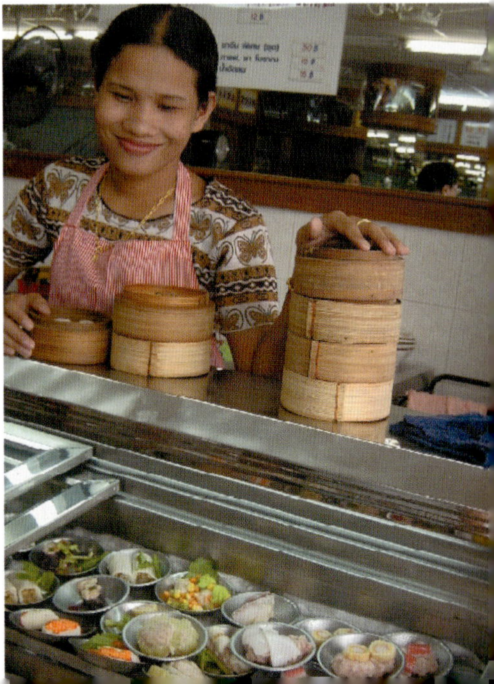

ヌン

蒸しもの

肉や魚介といった素材を、香草やスパイスとっしょに蒸すのがタイの蒸し物です。
余分な脂を落とし、香草やスパイスのにおいと素材のうまみをぎゅっととじこめることで、
さっぱりと、しかし風味豊かな料理に仕上がります。
タイの田舎では、
川や池でとった魚と庭先に植えた香草をバナナの葉に包み、さっと塩をして蒸したりします。
蒸しあがって、バナナの葉を開く時に広がるかおりは、
素朴ながらも、なんとも言えず食欲をそそります。
海沿いの街の新鮮な魚が並ぶ食堂では、
スズキやハタ、マナガツオを、ニンニクやトウガラシといっしょに蒸し、ライムをぎゅっと搾ってくれます。
四方八方から箸がのび、魚はあっという間に骨だけになってしまいます。
タイの蒸し物は、自然の恵みの豊かさそのものと言えるかもしれません。
ここでは、日本でもそのエッセンスを満喫できる2品を紹介します。

＜左頁上段左＞王宮近くの旧市街の一角（バンコク　王宮周辺）　撮影PF
＜同上段右＞魚をタイ風に蒸した「ヌン・マナーオ」、チャオプラヤ川に面したレストランにて（バンコク）　撮影PY
＜同下段左＞ショップハウスの古い町並み（バンコク　王宮周辺）　撮影PF
＜同下段右＞タイ南部の町ハジャイの点心屋さん（ハジャイ）　撮影PY
＜右頁＞惣菜店の魚介の蒸しもの、「ホーモック（バンコク　オー・トー・コー市場）

プラー・ヌン・キン

魚のショウガ蒸し

魚を丸1匹、ショウガの香りをベースに、
野菜類とともに蒸す料理です。
特に、小ぶりのタイなどを用いると、
「尾頭付き」で豪華な感じになります。
魚と野菜の彩りもきれいです。
タイでは、近年、特に多くなった
シーフード・レストランの定番料理です。
中華料理の醤油だけで蒸した「清蒸」とは違い、
ショウガとニンニクの香りと、
魚の味との調和が見どころです。

ラッカナーのひとりごと

1994年春、私はチェンマイから京都に留学のためやってきました。はじめは、どこに行けばタイ料理の食材や調味料が手に入るのか分かりません。そんな時、友達になった日本人からタイ料理を食べたいと言われて、さて、と思いついたのがこの料理です。中華料理風だけど、タイ人が好きな一品。そして、何といっても日本で普通に手に入る材料でできるのがこの料理です。醤油、ショウガ、梅、とまるで和食の材料みたい。しかも味付けがとっても優しいのです。みなさんもまず、手始めにこの料理を作ってみるといいかもしれません。そうすれば、さらにタイ料理の深い世界に入りたくなるでしょう。

■材料
鯛など白身の魚(中)　1匹
豚バラ肉　150ｇ
タマネギ　1個
ショウガ　6〜7センチ　2片
ニンニク　3片
赤・黄パプリカ、ピーマン　各1個
細ネギ　半束
ラッキョウ　小粒30粒
ナムプラー　20cc
醤油　30cc
三温糖　小さじ2

●準備
①鯛は、うろこを取り、はらわたを出して洗う。
②身の両面に3センチ幅の切り目をいれる　秘訣❶。
③豚バラ肉は長4×幅2センチくらいに切る　秘訣❷。
④タマネギはみじん切り、ショウガは千切り、ニンニクは皮をむいて包丁の腹でつぶす。
⑤パプリカ、ピーマンはすべて千切り、ネギは長さ約3センチに切る。

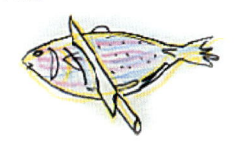

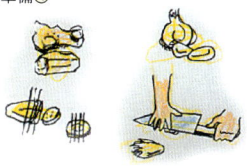

●作り方
①深めの皿に準備した魚を入れる。
②魚の上に豚肉、タマネギ、ショウガ、ニンニクをのせる。
③ボウルにラッキョウ、ナムプラー、醤油、三温糖を入れて混ぜ合わせる。
④②に③の液を回しかける。
⑤強火で熱した蒸し器に皿を入れて20〜30分蒸す　秘訣❸。
⑥蒸し上がる少し前に蒸し器の蓋を開けて、パプリカ、ピーマン、ネギをのせてさっと蒸す。

秘訣
❶魚の切り目は、裏表が交差するように入れる（イラスト参照）
❷豚バラ肉は好みによって入れても入れなくてもよい。
❸蒸し時間は魚の大きさによって異なる。竹クシを魚に刺して蒸し具合を見計らってください。

基本
あくまで魚自身の味がメインです。それに調味料で薄めに味付けし、ショウガ、ニンニク、野菜類でアクセントをつけるのです。

もう一工夫
魚は白身のものならオーケーです。豚バラ肉は省略可。

プラー・ヌン・キン

ホーモック

魚貝の蒸しもの、タイカレー風味

ココナツミルクとカレー・ペースト
をベースにした蒸しものです。
具に入れる魚介類のダシが全体に広がります。
蒸しあがりのつるんとした食感と
ほのかな甘さが特徴の上品な料理です。
タイでは、レストランの定番メニューであるほか、
夕刻、路地に並ぶ「おかず屋さん」でも、
バナナの葉でくるんだ、
雷魚入りホーモックが売られています。
タイでは入手困難なホタテをベースに加える
このレシピは、タイよりおいしく作れます。

ラッカナーのひとりごと

ホーモックは、トムヤム・クンやタイ風焼き
そばのパット・タイなどと並んで外国人に
とっても人気のあるタイ料理です。しかも
その姿から素材や味がなかなか想像できな
い楽しい料理と言ってもよいでしょう。パー
ティーの時など、これ何かしらと人気間違
いなしです。難しいかなと思われがちです
が、作り方はとっても簡単。基本はココナツ
ミルクの入ったカレーと同じです。ポイン
トはペーストをカップや器に入れて茶碗蒸
しのように優しく蒸すことです。難しい料
理と思わずに気軽に試して下さい。

■材料（ホイルカップ大20個分）
ホタテ貝柱　大8個
白身魚切り身　300g
グリーンピース　1カップ
赤パプリカ　2個
コーン缶　2缶（1缶230g）
バイ・マクルート　20枚
ココナツミルク　1/2缶（200ml）
レッド・カレーペースト　大さじ3
タマゴ　1個
レモングラス　1本
ナムプラー　大さじ3弱
三温糖　大さじ2

●準備
①貝柱をフードプロセッサーにかけペースト状にして皿に入れる。
②フードプロセッサーにレッド・カレーペスト、溶いたタマゴ、レモングラスのざく切りを入れて軽く砕き、そこにコーンを入れてさらに混ぜ合わせる。
③白身魚は一口大に切る　秘訣❶。
④赤パプリカは千切りにする。
⑤バイ・マクルートは中軸を取り除いて、同じく千切りにする　秘訣❷。

●作り方
①ボウルにホタテペースト（準備①）、カレーペースト（準備②）、ココナツミルクを入れてよく混ぜる。
②①のボウルに切った白身魚、グリーンピース（飾り用除く）、三温糖、ナムプラーを入れて、ねっとりとするまでよく混ぜる。
③この②のペーストをアルミホイルカップに大さじ2〜3ずつ入れて、その上に赤パプリカ、バイ・マクルートの千切り、グリーンピース数個を飾る。
④蒸し器を強火にかけて、湯気があがってきたらアルミホイルカップに入ったペーストを入れて10〜15分蒸す　秘訣❸。

秘訣
❶白身魚はタラなどなんでもよい。
❷バイ・マクルートは乾燥でもよい。また手に入らない時には、この料理の場合、ゆずやレモンの皮で代用してもいいでしょう。
❸茶碗蒸しを作る要領で、茶碗蒸し碗に入れて作ってもいいでしょう。

基本
ココナツミルクとカレーペーストが味の基本です。タマゴをつなぎで用います。この分量のバランスが重要です。

ホーモック

森を食べるということ

藤田 渡

猟銃を持った村人が、森に続く道を歩いてゆく。「どこ行くの？」「牛を探しにね」…半日もすると、村に戻ってくる。「何か獲れた？」「うぅん。ちょっとだけな」肩にかけた、口に返しのついた籠には、爬虫類が数匹、時には、リスのような小動物が入っていることもある。村人は、村のまわりに広がる森の中に、牛や水牛を放し飼いにしている。時々、「どこ行ったかなあ」と様子を見に行くのだが、ついでに、鉄砲を担いでいって、獲物がいればズドンとやる。この東北タイの村に、私は、1年くらい滞在したが、牛や鶏を食べるよりも、こうした野生動物が食卓に上る割合のほうが多かったように思う。

こういう話をバンコクで出会ったタイ人に話すと、「ウェー！」と顔をしかめる。「あんな、ゲテモノ、気持ち悪い！」ということのようだ。彼らは、地方の農家出身だったり、NGOのワーカーで農村開発に従事していたりと、必ずしも、都会だけしか知らないエリートばかりではない。

タイでも、日本ほどではないが、情報伝達や流通の便が向上するにつれ、食の画一化が進んでいる。農村でも、栽培したもの、飼育したもののほかに、市場で買ってきたものを食べることが多くなってきた。彼らの父母、あるいは祖父母の時代には、当たり前に食べていたかも知れない「ゲテモノ」も、今では、顔をしかめる対象になってしまった。でも、一方で、好きな人というのもちゃんといるようで、シカやオオトカゲといった保護動物の肉が、裏で非常な高値で取引されている。それら野生動物の料理を売り物にするレストランもある。

森林局のプロジェクト・サイトにある事務所の宿舎に泊めてもらった時に、プロジェクト・リーダーが、近くのラオス国境沿いにある小さな町から、クワーン（シカの一種）の肉を買ってきた。一見、普通の民家風の店で、半ば隠れて売っているという。野生動物保護を担当する役所の職員が「違法な肉」を口にするとは、どうしたことか！…ところが、「これは、ラオスから来た肉だから、法律違反じゃないんだ」。なら、どうして「隠れて」売るのか…。まあ、クワーンは、タイ側にはもう、ほとんどいなくなってしまったというし、ラオスの肉ということでよしとしよう。で、この肉は、その夜、事務所の酒盛りに消えた。

このように、好事家が買ってきたり、あるいはそれを売り物にするレストランで、野生の肉を食べる機会が、まだあることはある。ところが、何かが違う。村で食べるものほどおいしくない、というか、心に残るものがな

い。ああ、ちょっと変わった味だね、という程度なのだ。なぜだろう？

　私は、村での暮らしぶりを、そこでのなにげない日常の記憶の断片をたどりながら、もう一度、頭の中に思い描いてみた。

　田植えや稲刈りの時期には、男は夜明けとともに田んぼに向かう。朝ごはんは、後で、女性が家から担いでいって、8時くらいに仮小屋でいっしょに食べる。農作業のちょっとした合間に、田んぼの近くで、タケノコや野菜を採ったり、魚やカエル、時には野ネズミを捕まえたりして、それが昼食と、家に帰っての夕飯となる。

　農閑期は、だいたいヒマだ。女たちは連れ立ってタケノコやキノコを採りに行く。男は、冒頭に書いたように、鉄砲を担いで、山に放牧してある牛や水牛を見に行って、何か見つけるとズドンとやる。あるいは、数人で山の奥深くまで狩りにゆくこともある。いずれも、イノシシとかシカのような大物がとれることはめったになく、せいぜいリスのような小動物が獲れたり獲れなかったり。仕掛けを使った魚採りは、ほぼ毎日、夕方に行く。こちらのほうはけっこう安定していて、毎日、それなりのものは獲れる。

　このほかにも、季節とか天候によって、いろんな食べ物を自然の中からとってくる。それが生活の基本だ。たくさん食べ物がある時には、たくさん食べられる。その時々の都合や自然の条件で、あまりない時にはあるだけで我慢する。一事が万事そういう具合で、確かに不自由に思うこともあるが、自然の息遣いが感じられ、自分もその中でいっしょに息を吐き、水を飲み、飯を食う、これがなんとも清々しいのだ。

　私自身は、家で待っているか、せいぜいついて回るだけで、自分で狩りをしたり魚をとったりはできない。でも、山から帰ってきた男たちの上着のポケットから取り出された小さな獲物たち、森から帰ってきた女たちのかごに入ったタケノコや山菜、彼らの満足げな微笑み。「今日はこれだけとれたよ、さあ、食べよう」と、無言のうちに語りかけている。これがおいしくないわけがない。単に新鮮だからというだけではない。草のにおい、土のにおい、肌をなでる空気を感じながら、ひとくちひとくち。大きな自然のうねりと、そこから食べ物をとってくるという人の営みが鮮明に浮かび上がる。何か、いちばん素朴な、人が生きることの原点が凝縮された味なのだ。ものを食べるということは、本当はそういうことなのだろう、と思う。村から出てきた今では、安易に、自由に、お金を出して、いろいろ好きなもの、おいしいものを探し歩く毎日となってしまった。今でも、唐突に、意識があの世界にふーっと飛んでしまう瞬間がある。次の瞬間、はあーっとため息をひとつついて、また、足を前に進めるのである。

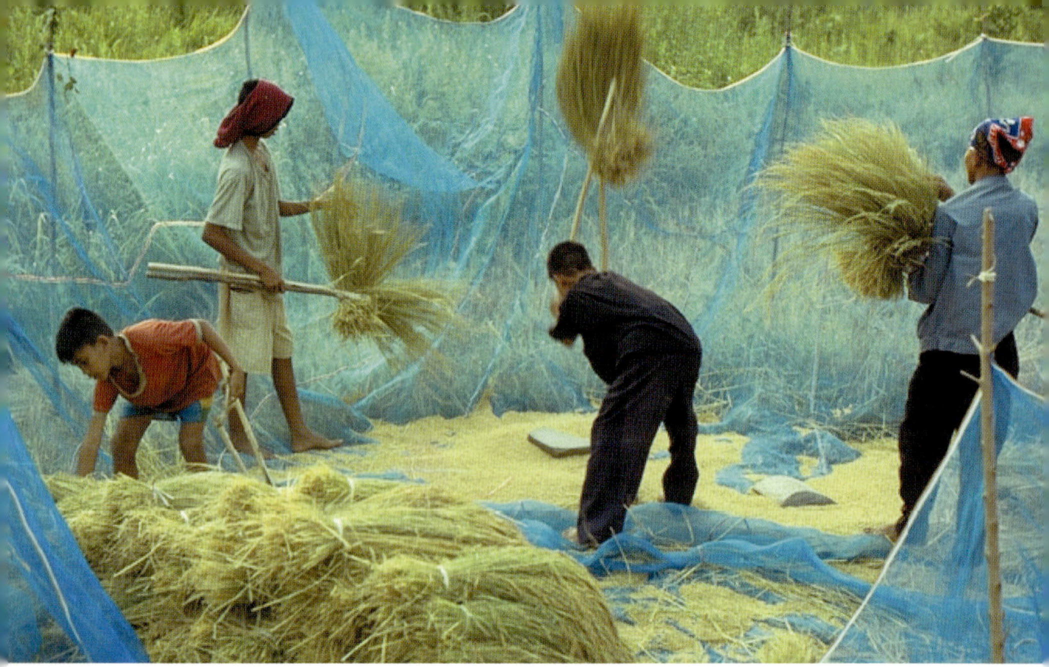

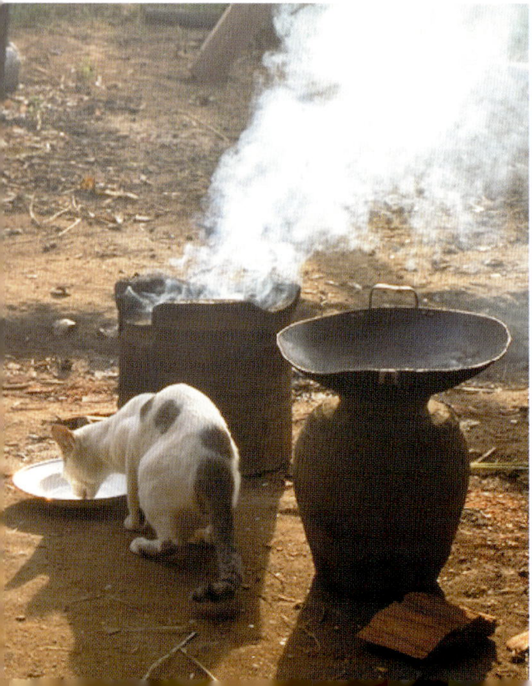

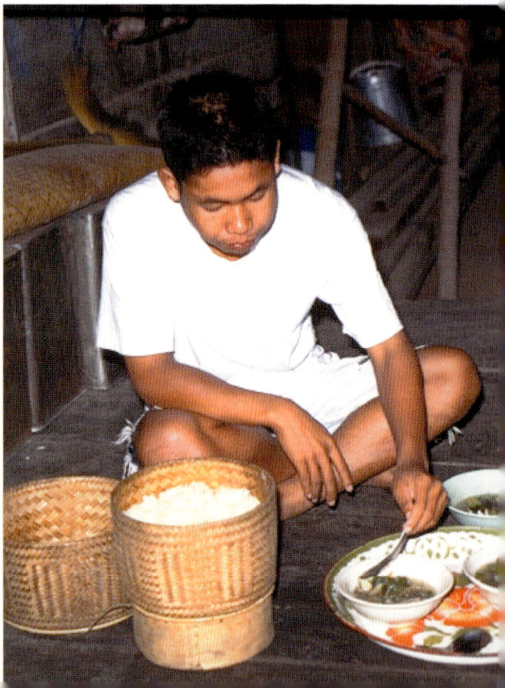

カーオ

ご飯もの

「キン・カーオ・ルー・ヤン？（ごはん食べた？）」、
タイでは、挨拶代わりに使う言葉です。
パン食が浸透した日本と違い、タイでは、今でも、圧倒的に米が主食です。
白ご飯とおかず、というのが基本なのですが、
普段、昼食などでよく食べる「一皿メニュー」の中には、
焼き飯やおかゆといった「味つきごはん」があり、彩りを添えます。
ここでは、日本でも簡単に作れる3品を紹介します。

＜左頁上段＞稲の脱穀（ウボンラーチャターニー県）　＜同下段左＞昼下がりの農家の台所（チャチェンサオ県）
＜同下段右＞村の食事風景、もち米とケーン（ウボンラーチャターニー県）
＜右頁＞村の子供たちと（ウボンラーチャターニー県）

カーオ・トム・シークローン・ムー

豚スペアリブ入りのお粥

タイには「ラーン・カーオ・トム（おかゆ屋）」
と呼ばれる食堂がどこの町にもあります。
これは、具などを入れた「出来上がり」の粥の専門店ではなく、
いろいろなおかずと、白粥を出す店です。
夜遅くまで開いていて、一杯飲んだ後、
「おかゆ屋」でちょっとしたおかずと白粥を食べるのがよくあるパターン。
もちろん、「おかゆ屋」で飲みなおし、ということもありますが。
この白粥のおかずには、ちょっと濃い味付けのものがよく合います。
炒めもの、煮もの、焼きもの、漬けもの、といろいろある中で、
この豚スペアリブなどは一番相性のよい一品です。
香草やスパイスが効いたスペアリブの味が白粥となじんで、
よい按配になります。
パーティの「しめ」やお夜食にぴったりです。

■材料（7〜8人分）
米　2カップ
豚スペアリブ　700〜800g
ニンニク　12〜13片
細ネギ　1束
セロリ　1本
コリアンダーの根　1本分
コンソメキューブ　1個
塩　大さじ1弱
胡椒　適量
黒粒胡椒　20個
醬油　大さじ3弱
水　スープ用10カップ、
　　粥用4〜5カップ

●準備
①ニンニクの皮をむき、みじん切りにして、茶色になるまで揚げる　秘訣❶。
②ネギとセロリ（葉もすべて）は、小口切りにする。

●作り方
①大きな鍋に水10カップを入れて強火にかける。温かくなってきたら、コリアンダーの根（あらく切る）、コンソメキューブ、塩、黒粒胡椒を入れ、沸騰したら弱火にする。次にスペアリブを入れて中火にする。
②沸騰したら弱火で煮る。時々アクを取りながら1時間〜1時間半煮込む。
③②に醬油を入れてさらに30〜40分ほど煮込み、味がなじむようにする　秘訣❷。
④スープを煮込んでいる時、白粥を作る。スープと別の鍋に、といだ米と水4〜5カップを入れて、蓋をして（少しずらして）中火にする。
⑤沸騰したら蓋を取り、アクを取りながら、米がやわらかくなるまでゆっくりと煮る　秘訣❸。
⑥器にお粥を入れ、スペアリブ入りのスープを注ぐ。上に揚げたニンニク、切ったネギとセロリを飾る。最後に胡椒をふる　秘訣❹。

秘訣
❶ニンニクの薄皮は取らなくてよい。揚げる時はまとめて数株分揚げておくと、焼きそばやスープのうきみなどに利用できます。保存は瓶などに入れて常温でオーケー。
❷スープは弱火で長時間煮込むと肉もやわらかく、味もよい。最低2時間はコトコトと煮込みましょう。時々水を加えるようにします。
❸お粥は焦げないようにまめに混ぜるようにします。
❹食べる直前に器に入れるように。お好みですが、ナムプラーを入れるとなかなかおいしいです。薬味にコリアンダーを使うと、さらにタイ風になりますよ。

基本
豚スペアリブは醬油ベースの味付けで、コショウ、ニンニク、コリアンダーの根でかおりをつけます。白粥はさらさら目に。

カーオ・トム・シークローン・ムー

カーオ・パット・タイ

タイ風炒飯

焼き飯…日本人にも、
家庭の味として、なじみ深い料理です。
中華料理店に行けば、一味違った、
「プロの味」を楽しめることも周知のとおりです。
タイにも焼き飯はあって、
家庭でも、屋台でも、レストランでも、どこでも食べられる一品です。
作り方も、日本や中華のものと基本的には同じですが、
ナムプラー、オイスターソースを入れ、
コリアンダーを散らし、ライムをぎゅっと搾ることで、
がらっと「タイ風」になってしまうのです。
さらに、お好みで、ナムプラー、トウガラシなどで
簡単に作れるタレをかければ、気分は完全に「タイ」です。

■材料（4人分）
鶏モモ肉　250g
タマネギ　1/2個
ニンジン　1/2本
ニンニク　3〜4片
細ネギ　2〜3本
タマゴ　4個
冷やごはん　4カップ
オイスターソース　大さじ2
ナムプラー　大さじ2
胡椒　少々
油　適量

<飾り野菜>
トマト、キュウリ、コリアンダー
<タレ>
プリック・ナムプラー　適量

●準備
①鶏肉は2センチの角切り、タマネギ、ニンジン、ニンニクは皮を取ってみじん切り、ネギは小口切りにする。
②飾り野菜用の野菜を洗って食べやすいように切る。トマトはくし形切り、キュウリは斜め切り、コリアンダーはざく切りにする。
③タレのプリック・ナムプラーを作る（53頁参照）。

●作り方
①2人分ずつ作る　秘訣❶。
②強火にかけた中華鍋に油を入れて熱し、みじん切りのニンニクを加え、かおりが出るまで炒める。
③②に鶏肉を入れて炒め、タマゴ2個分を入れて、さっと混ぜる　秘訣❷。
④ごはんを加え、鍋の面に押しつけるようにして炒める。米に油がまわったら、ニンジンとタマネギを入れさらに炒める。
⑤オイスターソース、ナムプラーで調味する。最後に刻みネギと胡椒をたっぷりふって仕上げる。
⑥器に盛り、コリアンダーを散らし、横にトマトとキュウリを添える。お好みでプリック・ナムプラーをかける　秘訣❸。

秘訣
❶材料は4人分なので、1回について、全体の半分量を使いましょう。
❷タマゴは溶いて入れてもよいですが、炒りタマゴのようにしないこと。ふわっとした状態にすることがおいしくできるコツです。
❸タレをかけると、ぐっとタイ料理らしく、またおいしくなります。

基本
ニンニクでかおりをつけ、ナムプラーとオイスターソースで味付けます。ただし、あとからタレ（お好み）をかけることを考え、薄めの味にしましょう。

もう一工夫
具は鶏のほか、豚、シーフードでもオーケー。上に、目玉焼きをトッピングするのもおいしい。

カーオ・パット・タイ

カーオ・マン・カイ

タイ風鶏ごはん

鶏のスープで炊いたご飯の上に、ゆでた鶏肉をのせ、
「タオチアオ」という味噌のような調味料がベースの
タレをかけて食べる「鶏ごはん」です。
ご飯を炊く時に使うものと同じだし汁に、
大根を入れたスープがいっしょに供されます。
タイでは専門の屋台が出ていて
「どこそこのがおいしい」などと、
よく話題になる一品です。
ゆでることで脂がぬけてあっさりした鶏肉と、
独特の「タレ」、鶏のスープがよく染み込んだごはんの調和
は魅力的です。
ここでは、「タオチアオ」の代わりに、金山寺味噌を使って
「日本でこそ」のレシピに仕上げました。

ラッカナーのひとりごと

たくさんの友達が家に遊びに来るなら、私は迷わずカーオ・マン・カイを作ります。ひとつの料理だけれど、ごはんも肉もスープもソースもそして野菜もあるからです。これに果物があれば立派なフルコースが出来上がりというわけです。

このレシピのスペシャルは特製ソースです。日本にしかない金山寺味噌を使い、試作を重ねてできたものです。タイ料理に日本の食材がこんなにぴったり合うなんて、われながらびっくりしています。

■材料（10人分）
鶏モモ肉　8枚
米　5合
ショウガ　1片（約大さじ2）
ニンニク　1片
<炊飯用スープ>
大根　1/2本
コンソメキューブ　2個
塩　小さじ2
油　適量
水　5カップ
<スープ>
鶏ひき肉　300ｇ
タマゴ　1個
細ネギ　3〜4本
塩　小さじ2
<タレ>
ナムチム・タオチアオ　適量
キュウリ　3本（飾り用含む）
ネギ（あればコリアンダー）　適量

●準備
①炊飯用スープを作る。鍋に水5カップ、コンソメキューブ、塩を入れる　秘訣❶。
②大根を2センチの厚さのイチョウ切りにし、①の鍋に入れて小1時間煮込む。
③米は洗って、ざるにあげておく。
④ショウガはみじん切り、ニンニクは皮をむく。
⑤飾り用・スープうきみ用のネギは長さ2センチ、飾り用のキュウリは斜め切りにする。
⑥鶏ひき肉に溶きタマゴを入れてよく練る。

●作り方
①鍋に鶏肉と、鶏肉がかぶるくらいの水（材料とは別）を入れ、中火にかける。塩小さじ2を加え、肉に火が通るまで、ゆっくりと煮込む　秘訣❷。
②炊飯器に、洗った米、ショウガのみじん切り、ニンニク、下準備で作ったスープの半分量、さらに水（材料別）を加え普通の水加減で炊く。
③しっかり煮込んだ①の鶏肉を鍋から取り出して冷まし、約1センチ幅に切る。
④③の茹で汁は、さっとざるで濾して鍋に入れる。炊飯用スープの残りと大根も入れる。熱くなってきたら、練った鶏ひき肉をスプーンでボール状にしながら鍋に入れて、火を通す。食べる前にネギを浮かべる。
⑤ごはんが炊けたら器に盛る。キュウリを添える。ほかの野菜を添えてもよい　秘訣❸。③の鶏肉はいっしょに盛りつけてもいいし、別の皿でもよい。
⑥タレをたっぷりかけていただく（写真参照）。

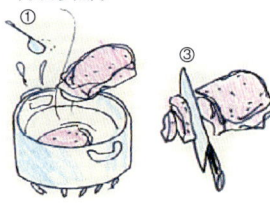

秘訣
❶鶏がらでスープを作るとおいしいので試してみてください。コンソメの場合は油分が足らないので、炊飯器に材料を入れる時に油を大さじ1加えて下さい。
❷1〜2時間煮込んで下さい。
❸コリアンダーのざく切りやトマトのくし切りが一般的。

基本
鶏そのものは茹でるだけ。炊飯用スープは、これとは別に、チキンコンソメを用いて作ります。塩で軽く味付けをしたものに、ショウガ、ニンニクを加えてご飯を炊き、香りをつけます。

ラッカナー特製
<ナムチム・タオチアオ>
■材料
ショウガ　1片
プリック・キー・ヌー　25本
ニンニク　3/4株
味噌（金山寺味噌）　100ｇ
三温糖　大さじ5〜6
ナムプラー　大さじ2弱
レモン汁　大さじ3

●作り方
①ショウガはみじん切り、プリック・キー・ヌーはへたを、ニンニクは皮を取る。
②①をフードプロセッサーに入れて細かくする。
③ボウルに②と、味噌または金山寺味噌、三温糖、ナムプラー、レモン汁を入れ、よく混ぜて出来上がり。

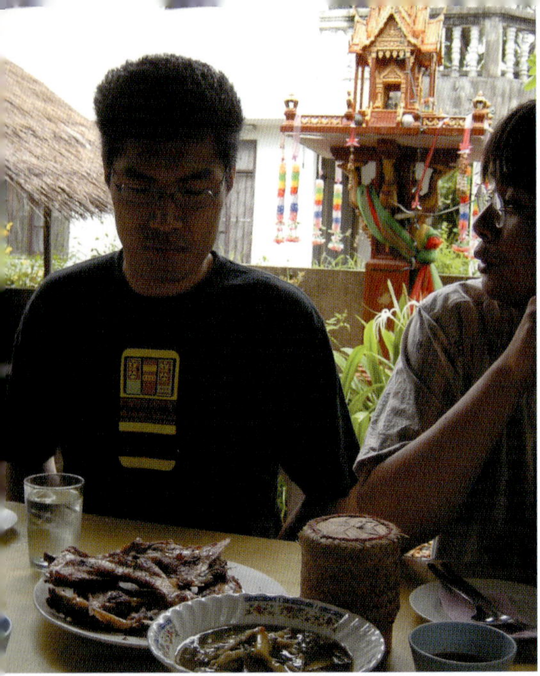
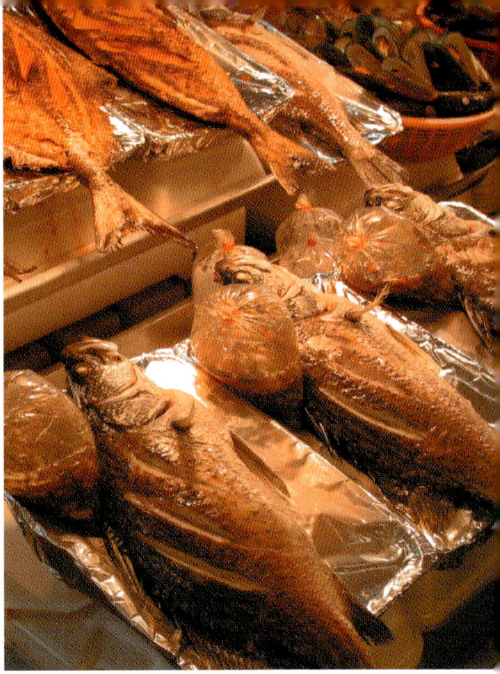
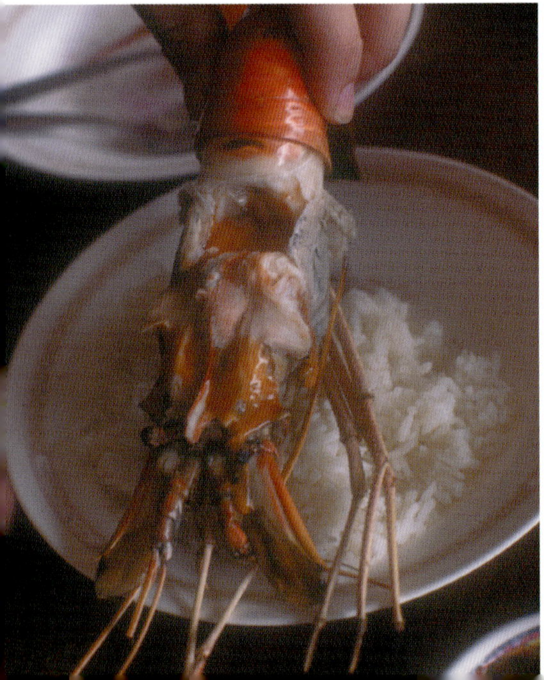
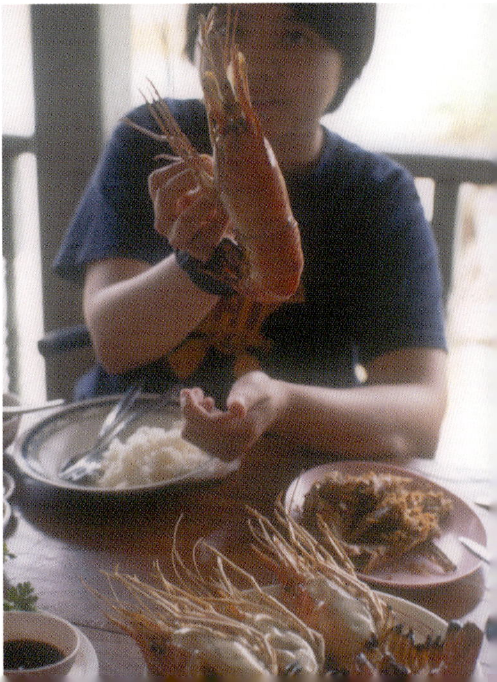

ヤーン

焼きもの

ヤーンもしくはピンとは、「直火焼き」という意味です。
タイの台所では、素材の持ち味そのままに、
単に焼くだけ、ということももちろんあります。
でも、「タイらしさ」を感じさせるのは、
いろいろな調味料や香辛料、香草などで下味をつけてから焼く料理です。
直火焼きの香ばしさはごはんはもちろん、おつまみにも最高です。
暑いタイでの毎日、
黄昏時に道端の屋台で焼き鳥を買って帰って、
冷たいビールを一杯、これが一日の疲れを癒してくれるのです。
ここでは、牛、豚、鶏、魚と、代表的な素材について紹介します。

＜左頁上段左＞有名なカイ・ヤーン(焼き鳥)屋さんでの昼食、テーブル上はカイ・ヤーン、ケーン、かごに入ったもち米。炭火でこんがりと焼けたカイ・ヤーンに目は釘付け(ウボンラーチャターニー)
＜同上段右＞市場の惣菜屋さんに並べられたおいしそうな焼き魚とタレ(バンコク　オー・トー・コー市場)
＜同下段＞ミソがとろっと、川エビのグリル。エビ料理で有名なチャオプラヤ沿いのレストラン(シンブリー県)
＜右頁＞街のカイ・ヤーン屋さん(バンコク)　撮影PY

カイ・ヤーン

鶏肉の直火焼き、タイ風味

いわゆる、「焼き鳥」です。
下味のつけ方でタイ風になります。
屋台で、もくもくと煙が上がる炭火で焼く、
傍らで、臼でソムタムを作る、
典型的なイサーン料理屋台の風景です。
バンコクにはイサーン出身の出稼ぎ労働者が
たくさん住んでいます。
もとは彼らのためにできたイサーン料理屋台の恩恵を、
私たちも大いに享受しています。
もち米といっしょにほおばるもよし、
冷たいビールのお供にするもよしです。

ラッカナーのひとりごと

カイ・ヤーンは楽しい料理です。日本語にすると焼き鳥。こう言うと焼き鳥屋さんの串焼き肉にビールの光景を思い浮かべる人が多いと思いますが、タイの焼き鳥はちょっと違います。カイ・ヤーンは鶏肉の焼いたものの総称。ポイントは味付けにあります。私のレシピの味付けとあなたの好みで、今までにない味を楽しんでください。特にバーベキューの時の一品におすすめです。

■材料
鶏手羽先　15本
醤油　大さじ3
オイスターソース　大さじ1½
ナムプラー　大さじ2
ケチャップマニス　大さじ1
胡椒　適量
<付け合わせ野菜>
キュウリ、コリアンダーなど

●準備
ボウルに醤油、オイスターソース、ナムプラー、ケチャップマニス、胡椒を入れて混ぜ、肉を揉み込んで30分〜1時間おく。

●作り方
網をよく焼いて、下準備した鶏肉をこんがり焼き、皿に盛り付ける。

もう一工夫

ムー・ヤーン（豚肉の直火焼き）も作ってみましょう。

■材料
豚ロースかたまり　700〜800g
ニンニク　3〜4片
コリアンダーの根　1本
黒粒胡椒　40粒
塩　小さじ1弱
オイスターソース　大さじ1
ナムプラー　大さじ2弱
醤油　大さじ1
三温糖　小さじ1
ココナツミルク　大さじ3

●作り方
①豚肉をたてよこ10×5センチ、厚さ1〜2センチに切る。
②皮を取ったニンニク、コリアンダーの根、黒粒胡椒をフードプロセッサーで細かくし、他の材料といっしょに混ぜたソースを肉に揉みこみ、ココナツミルクを混ぜこんで冷蔵庫で1時間おく。
③網で両面を焼く。

■材料
牛赤身かたまり　700〜800g
ニンニク　5片
塩　小さじ1
胡椒　適量

●作り方
①肉は切り口約3×4センチの棒状に切る（51頁イラスト参照）。
②ニンニクはみじん切りにする。ボウルに、切った肉とニンニク、塩、胡椒を加えて揉みこみ、30分〜1時間おく。
③網で肉を焼き、食べやすい大きさに切る。
④皿に盛り付け、タレを添える。

牛肉の直火焼きです。
これもイサーン料理屋台の定番です。
バンコクで育った人の中には牛肉を食べない人もいますが、
イサーンの人にとっては、肉といえば牛肉です。
下味は、塩、胡椒にニンニクと、シンプルにしておきます。
別に、ナムプラーとトウガラシと炒り米粉を入れたタレを作り、
これにつけて食べます。
苦みのあるタレと牛肉の香ばしさが調和した少し大人の味です。

<ナムチム・ヌア・ヤーン>
（ヌア・ヤーン用のタレ）
■材料
ネギ　大さじ2
炒り米粉　大さじ1
粉トウガラシ　大さじ2
ナムプラー　大さじ3
レモン汁　大さじ3

●作り方
①ネギは小口切りにする。
②ボウルに材料すべてを入れて混ぜる。
＊炒り米粉、粉トウガラシの作り方は、57頁参照。

ヌア・ヤーン

牛肉の直火焼き、ニンニク・胡椒風味

プラー・ヤーン・クルアンテート

魚の香味焼き

魚に、香草、香辛料を擦り込んで
蒸し焼きにします。
魚のくさみが消え、
スパイシーなかおり豊かな一品になります。
タイでは、
おもにシーフード・レストランのメニューです。
いつもの塩焼きにかえて、
たまには、タイ風に仕立てて
異国の気分を味わうのもよいでしょう。

ラッカナーのひとりごと

焼き魚が好きな日本人におすすめの料理がこのタイ風の焼き魚です。いつもの魚に、さまざまなスパイスを使うことで、あらびっくり。東南アジアの香りが食卓に漂いますよ。

■材料
サバ　1尾
レモングラス　10本
ショウガ　3片
ニンニク　3片
レモン　1/2個
塩　適量
胡椒　適量

●準備
①魚はワタを取らないまま、切り目を3カ所ずつ入れる。表と裏のの切り込みが交互になるようにする（下記イラスト参照）。
②レモングラスは、約1センチの厚さに斜め切りにする。
③ショウガは皮をむき、約2ミリに切る。
④ニンニクは、少し皮を残し約3ミリの厚さに切る。
⑤レモンは約3ミリの厚さの輪切りにする。

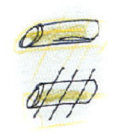

●作り方
①サバの切り目にショウガ、レモングラス、ニンニク2片分を埋め込む。
②塩、胡椒を両手で魚全体にすりこむ　秘訣❶。
③ホイルを広げ、魚を置く。その上にレモンの輪切り、わきに残りのニンニクを置いてくるむ。
④網の上に魚を置き、強火で焼く。10分ほどするとホイルの継目から煙が出てくる。
⑤途中魚の入ったホイルをひっくり返し、約20分焼く　秘訣❷。
⑥ホイルから魚を取り出して皿にもりつける。レモンは捨てる。

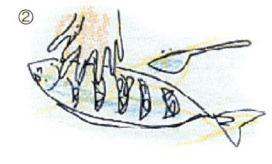

秘訣

❶お好みで、塩をすりこんだ後に、ターメリックパウダーをすりこんでもよい。
❷魚の焼き時間は大きさにより違います。途中、焼き具合を見てください。もしバナナの葉が手に入ったらアルミホイルの代わりに使ってみてください。もっとよいかおりになりますよ。

基本

味付けはシンプルに塩と胡椒だけ。レモングラス、ショウガ、ターメリックといった香草・香辛料のかおりを前面に押し出します。

もう一工夫

ここで紹介したサバのほか、サワラやタラなどでもオーケーです。

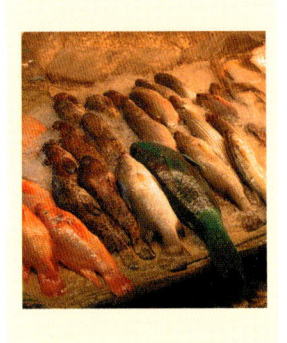

プラー・ヤーン・クルアンテート

คอหมูย่าง
รสเด็ด ชิ้นละ 3
หมูกรอบ
ผัดพริกขิง รสเด็ด

トート
揚げもの

中国の影響からでしょうか、
タイには油で揚げる料理がたくさんあります。
素材、味付け、下ごしらえの仕方など、とても多彩です。
春巻きのように、明らかに中華料理を意識させるものも多いのですが、
下味やタレが、やはりタイ風なのです。
香草やスパイスの風味と揚げたてのカリッとした歯ごたえが妙味です。
ここでは、さっと作れる卵焼きから、
パーティーなどにも適した春巻きやさつま揚げまで、
いろいろ取り混ぜて5品を紹介します。

＜左頁＞豚バラ肉を、中はしっとり外はカリッと揚げた、おいしそうな「ムー・クロップ」(左)、豚の首の肉をたっぷりの
タレをつけて焼いた「コー・ムー・ヤーン」(右)(バンコク　オー・トー・コー市場)
＜右頁＞雨上がりの軽食売り、果物や軽いスナック類が売られている(チェンマイ)　撮影PY

カイ・チアオ

タイ風タマゴ焼き

タイ語では、タマゴ焼きを「焼く」ではなく、
「揚げる（トート）」と言います。
中華鍋に油を多めに入れて熱し、
煙が立ったところで、
調味料を加えた溶きタマゴをざっと入れ、
一気に「揚げ」るのです。
外側はカリカリ、中はふんわりした食感、
濃い目の味付けと時にはチリソースとの絡み、
これが「タイ風」なのです。

ラッカナーのひとりごと

タイでは、男性も女性も、また子供からお年寄りまで、人気の料理といえば、タイ料理の中で一番簡単なこの料理カイ・チアオです。でも、タイ人の間でよく言われるのは、「カイ・チアオは簡単だけど、感動するほどおいしいカイ・チアオに会うのは難しい」。子供のころから聞きなれた歌にも、「普通のカイ・チアオは誰でもできる。でも心をこめて作らないとおいしいカイ・チアオはできない」とあります。このレシピに欠くことができないのが、ハートという材料。どうぞ心をこめてカイ・チアオを作ってください。これがこの料理を作る皆さんへのお願いです。

■材料
タマゴ　5〜6個
パセリ　1本
バイ・マクルート　10枚
バジル　1袋
ナムプラー　大さじ1
醬油　小さじ1
三温糖　大さじ1
胡椒　適量
油　適量

●準備
①パセリはみじん切りにする。
②バイ・マクルートは中軸を取り除いて、あらくちぎる。
③バジルの葉は茎からはずす。

●作り方
①ボウルにタマゴを割り入れ、ナムプラー、醬油、三温糖、胡椒、さらにパセリ、バイ・マクルート、バジルの葉（飾り用5〜6枚を除いて）を入れてさっと混ぜる。
②中華鍋を強火にかけて、たっぷりの油を熱する。熱くなった油の中に①のタマゴ液を一気に注ぐ。
③強火のまま、さっとかき混ぜ、やや形がととのったところで仕上げ、皿に盛り付ける　秘訣。
④バジルの葉を、タマゴ焼きに添える。

秘訣
中をふんわりと仕上げるために、あまり混ぜすぎないことです。

基本
味付けはナムプラー、醬油、砂糖が基本です。香草で風味を加えます。

もう一工夫
味付けにオイスターソース、ニンニクを加えてもよいでしょう。また、揚げておいたニンニクスライスを具として使ってもおいしいです。チリソースをかけると、もっと「タイ風」になりますよ。

カイ・チアオ

ポーピア

タイ風春巻き

春巻きなんて、まるっきり中華料理では、
と思うかも知れません。
ところが、味付けに
ナムプラーやオイスターソースを加え、
さらに、辛子醬油の代わりに
甘酸っぱいタレにするだけで、
不思議にタイ風になってしまいます。

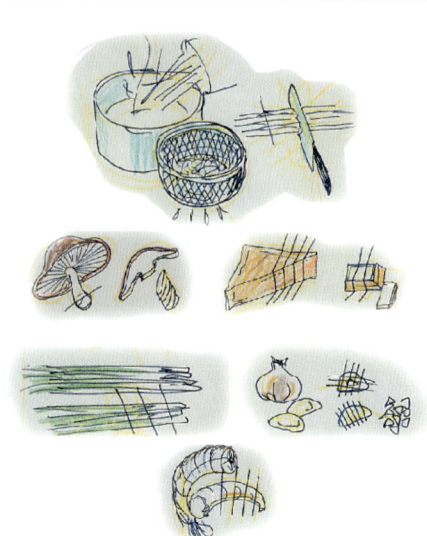

■材料（30個分）
豚ひき肉　200g
エビ　10～15尾
春雨　70～80g
モヤシ　1袋
生シイタケ　4～5個
厚揚げ　2個
ニラ　1束
干しエビ　大さじ2
ニンニク　2～3片
三温糖　小さじ1弱
オイスターソース　小さじ1強
醬油　大さじ1
ナムプラー　大さじ1
春巻きの皮　30枚
かたくり粉　適量
油　適量
揚げ油

●準備
①春雨はぬるま湯でもどして水分をきり、約10センチに切る。
②モヤシは洗ってざるにあげる。
③シイタケは細切り、厚揚げは小さな短冊切り、ニラは長さ3センチに切る。
④ニンニクは皮をむいてみじん切りにする。
⑤エビは殻を取って小さく切る　秘訣

●作り方
①中華鍋を強火にかけ、油を入れて熱くする。
②ニンニクのみじん切りを入れてざっと炒め、豚ひき肉、エビを加えて炒める。次に、生シイタケ、厚揚げ、干しエビ（水にもどさないまま）を入れて炒める。さらに、モヤシを入れて混ぜる。
③②に三温糖、オイスターソース、醬油、ナムプラーを入れて調味する。
④③に春雨を入れて混ぜ、最後にニラを入れて炒めて冷ます。
⑤春巻きの皮に④の具を入れて巻く。巻き終わりに水で溶いたかたくり粉をつける。
⑥中華鍋に油をかけて、春巻きをキツネ色に揚げる。

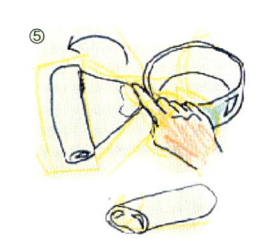

秘訣
カニ缶を入れてもおいしいですよ。その場合は、エビの量を減らして調整して下さい。

＜ポーピア用甘いタレ＞

■材料
梅干し（大）　1個
大根　3センチ
三温糖　大さじ2
グラニュー糖　大さじ3
塩　小さじ1
酢　大さじ3
水　大さじ3
細ネギ　少々

●作り方
①大根を千切りにする。ボウルに大根を入れて、お湯をひたひたに注ぎ、塩を加えて約10分おく。大根をザルにとり、水で洗い、よく搾る。
②鍋にグラニュー糖半分量、三温糖、酢、梅干しを入れる。
③②に①の大根を入れて弱火で煮る。さらに残りのグラニュー糖を入れる。
④冷めたら細ネギの小口切りを入れる。

トートマン・クン

エビすり身のさつま揚げ

魚介類のすり身に
レッド・カレーペーストなどを加えて揚げたものを
「トートマン」と言います。
その中でも、比較的手ごろでおいしいエビ
を使ったものを紹介します。
日本のさつま揚げに似ていますが、
香草やカレーペーストのかおりが特徴です。
ここでは、少し上品に、
衣をつけて揚げてみました。

ラッカナーのひとりごと

私はタイでこの料理を作ったことがありませんでした。これは、日本で同じタイ人の留学生仲間の要望に応えて考えた、私流のトートマン・クンです。タイでは、この料理にパン粉は使いません。京都の学生街の食堂などではフライものが好んで食べられているのにヒントを得たのです。皆さんがタイに行った時、この料理を頼んでも驚かないで下さいね。私のトートマン・クンとはちょっと違っていますから。でも自信を持って言えるのは、私のレシピは日本人の口に合うということです。

■材料（30〜40個分）
ブラックタイガー　30尾
レッド・カレーペースト　大さじ3
タマゴ　4〜5個
バイ・マクルート　20枚
ナムプラー　大さじ3弱
パン粉
揚げ油
スイートチリソース　適量
キュウリ　1本

●準備
①エビを洗って殻と尻尾を取る。
②バイ・マクルートの中軸を取り除いて千切りにする　秘訣❶。
③タレを作る。キュウリは縦に半分、さらに縦に半分に切り、厚さ約1ミリのイチョウ形に切ってスイートチリソースと混ぜる。

●作り方
①下準備をしたエビとレッド・カレーペーストをフードプロセッサーに入れてペースト状にする。
②ボウルに①のペースト、溶いたタマゴ、千切りのバイ・マクルートを入れてよく混ぜる。
③②にナムプラーを入れてねっとりとするまで力を入れて混ぜる　秘訣❷。
④③を冷蔵庫で1時間ほど寝かせる。
⑤④を直径約5〜6センチの円形状に成形してパン粉をつける　秘訣❸。
⑥中温の油で揚げる。
⑦皿に盛り付けて、ソースを添える。

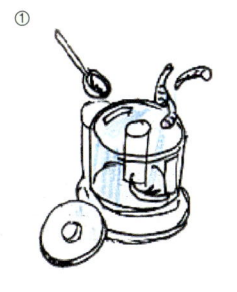

秘訣
❶乾燥バイ・マクルートを使用する場合は、水でもどして使います。
❷手でしっかりと粘りがでるまで混ぜてください。
❸タネはかなり水分が多いように思えますが、心配しないでも大丈夫。成形もきちんと丸くする必要はありません。手作りのさつまあげの感じです。タマゴがたっぷり入っているので、揚げると膨らみます。

基本
カレーペースト、ナムプラーが味付けの基本で、バイ・マクルートで風味を加えます。甘酸っぱいタレは市販のものを用います（下の写真参照）。

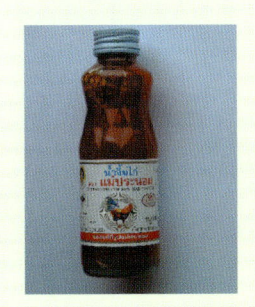

スイートチリソース

カイ・トート・クラティアム・プリックタイ

鶏肉の唐揚げ、ニンニク・胡椒風味

下味をつけた鶏肉、豚肉を油で揚げます。
ニンニク、コショウに
ナムプラーの組み合わせで
濃い目の下味に仕上げます。
ちょっと黒っぽくなるくらい
カリカリに揚げるのがタイ風です。
ここでは鶏肉を使ってみました。

■材料
鶏モモ肉　2～3枚（約800g）
ニンニク　3～4片
黒粒胡椒　30粒
オイスターソース　大さじ2/3
ナムプラー　大さじ2
醤油　大さじ1
揚げ油

●準備
① 鶏肉を一口大強（約3×5センチ）に切る。
② 皮を取ったニンニクと黒粒胡椒をフードプロセッサーにかける。

●作り方
① ボウルに鶏肉、ブレンドしたニンニクと黒粒胡椒（準備②）、オイスターソース、ナムプラー、醤油を入れて手で混ぜ込み、冷蔵庫に30分～1時間寝かせる。
② 中華鍋に油（少なめ）を入れて強火にかける。
③ 油が熱くなったら中火にして、タレのついた肉を一面に置いてカラカラになるまで素揚げする。

■材料
豚スペアリブ　約1kg
コリアンダー根　2本
ニンニク　10～11片
黒粒胡椒　30～40個
オイスターソース　小さじ2
ナムプラー　大さじ2
醤油　大さじ1
塩　小さじ1弱
揚げ油

●準備
① スペアリブは切り込みを入れ、5～6センチくらいの大きさに切る。
② コリアンダーの根、皮を取ったニンニク、黒粒胡椒をフードプロセッサーに入れて混ぜる。

●作り方
① スペアリブにフードプロセッサーでブレンドした香辛料およびオイスターソース、ナムプラー、醤油、塩を手で揉み込み、30～60分ほどおく。
② 鍋に油を入れ、中温くらいで、タレのついたスペアリブをゆっくりと揚げる　秘訣。

秘訣
タレがついているためすぐに黒っぽくなります。中まで火を通すために、高温で揚げないようにしましょう。

基本
ニンニクをたっぷり使うこと、こんがり揚げることがおいしさの秘訣です。

シークローン・ムー・トート

豚スペアリブの唐揚げ

ニンニクがたっぷりの
豚スペアリブの唐揚げ料理です。
下味の基本は、鶏の唐揚げと同じ、
ニンニクと胡椒にナムプラーとオイスターソースですが、
コリアンダーも加わり、スパイシーなかおりが漂う
南の国、タイの料理に変身します。
とっても簡単な料理ですが、パンチがきいていて、
ちょっとしたごちそう料理としてもお勧めです。

ラッカナーのひとりごと

私はこの料理を毎日食べても飽きない、それほど好きな料理です。しかし私のレシピでなければそうはいきません。なぜって、お店のものも友達の家のものもニンニクが少ないからです。おいしいシークロン・ムー・トートを作るコツはとっても簡単です。この料理の命はニンニクにつきます。ニンニクをけちらずに、においなどと恐れずに、とにかくたっぷりと使ってください。あとはこんがりと揚げること、これでおいしいシークローンができあがりです。

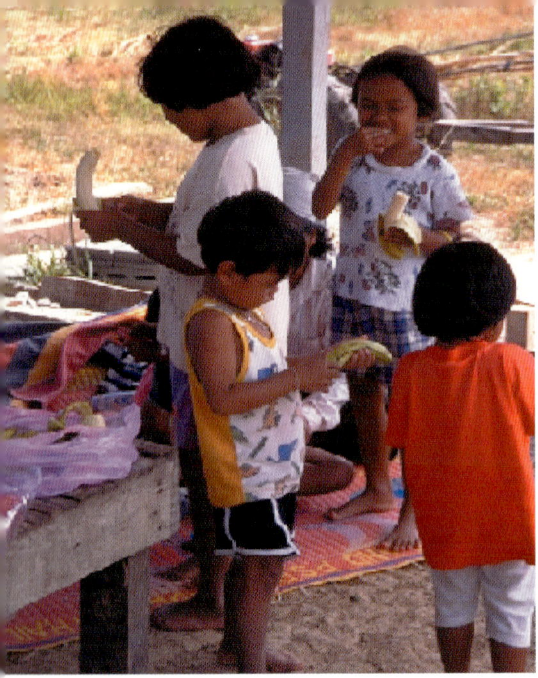

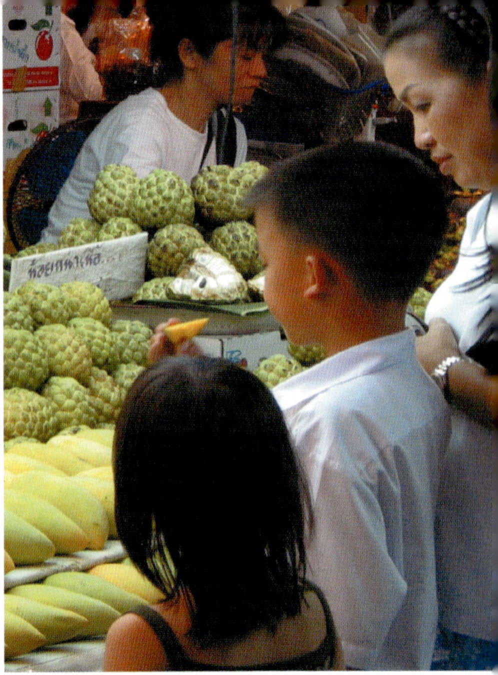

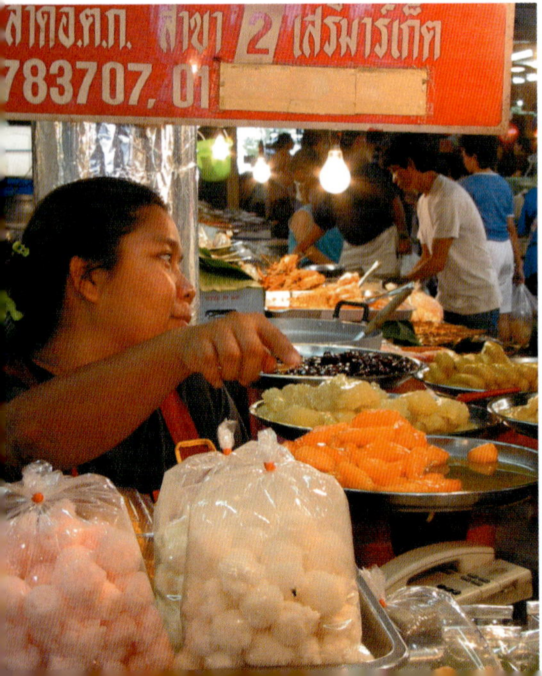

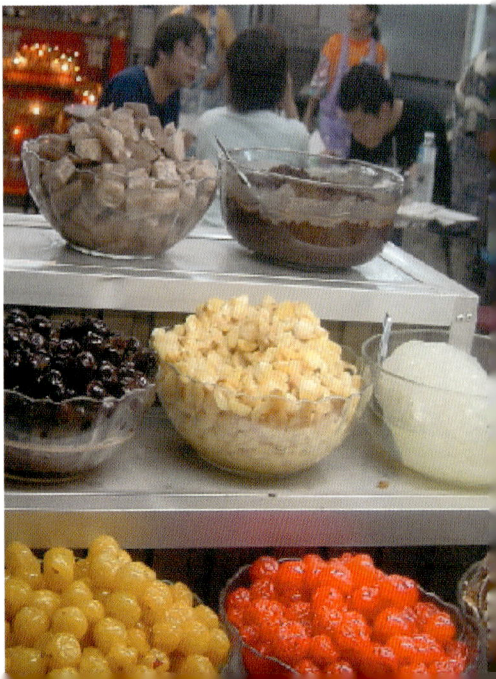

コンワーン
デザート

　　　　タイでは、食事の「しめ」は、果物やデザートです。
　　　デザートには温かいもの、冷たいものの両方がありますが、
ココナツミルクのまろやかな甘味や、トロピカルなナッツやフルーツを入れたかき氷の涼感が
　　　　タイ料理の食卓の「しめ」にふさわしいと言えましょう。
　　　　ここでは、温かなもの、冷たいもの１品ずつを紹介します。
　おなか一杯のところに「甘いものは別腹」と、最後の最後まで楽しんで下さい。
　さて、次回のメニューは何にしよう、などと思案をめぐらすのもいいですね。

＜左頁上段左＞村のおやつ、バナナを食べる子供たち（チャチェンサオ県）
＜同上段右＞街の市場の果物屋さん、手前の黄色がマンゴ、後方の緑色がノーイナー（バンコク　オー・トー・コー市場）
＜同下段左＞市場のお菓子やさん（同上）
＜同下段右＞中華系のデザート屋さんの店先（ハジャイ）　　撮影PY
＜右頁＞街頭で売られている果物をかたどった砂糖菓子（バンコク）　　撮影PK

ケーン・ブアット・ファクトーン

カボチャのココナツミルク煮

■材料（3〜4人分）
カボチャ　400g
ココナツミルク　1缶（400ml）
ヤシ砂糖(黒糖または三温糖)　150〜200g
塩　小さじ1/2
水　300cc

●作り方
①カボチャを三角に小さくに切る。
②鍋にココナツミルクと水を入れ強火にかける。
③温まったら、三温糖または黒糖（あればヤシ砂糖）を加える。
④砂糖が溶けたら、カボチャと塩を入れてやわらかくなるまで煮る。
⑤冷ましてカボチャに味を染み込ませる。
⑥食前に暖かくして、器に盛る。

①～②

豆は上図のように缶詰を利用してもよい。その場合、豆はすでにやわらかいので水は控えめに。砂糖が入っていたら加減すること。

■材料（3～4人分）
黒豆（水を吸わせたもの）200g
タピオカ　100g
ヤシ砂糖（三温糖）約150g＋小さじ3
塩　少々
ココナツミルク　1缶（400ml）
水　400cc

●準備
　黒豆は水洗いをし、たっぷりの水に一晩つけて、充分に水を吸わせる。
●作り方
①鍋にココナツミルクと水200ccを入れ弱火にかける。
②温まったら、豆を入れてやわらかくなるまで煮る。
③②に三温糖（あればヤシ砂糖）約150g、溶けてきたら塩を入れて煮る。
　火を止めて、その後冷蔵庫で冷やす。
④大きな鍋にタピオカとたっぷりの水（最低1リットル）を入れて火にかけ、
　透き通ってきたらザルにあげる。
⑤鍋に水200ccを入れて火にかけ、三温糖（あればヤシ砂糖）小さじ3と塩を
　加えて、水気をきったタピオカを入れ、軽く火を通す。その後、冷ます。
⑥タピオカとココナツミルクに氷と、たっぷりの黒豆を器に盛る。

④

⑤

サークー
タイ風タピオカと黒豆の冷たいデザート

ケーン・ブアット・ファクトーン／サークー

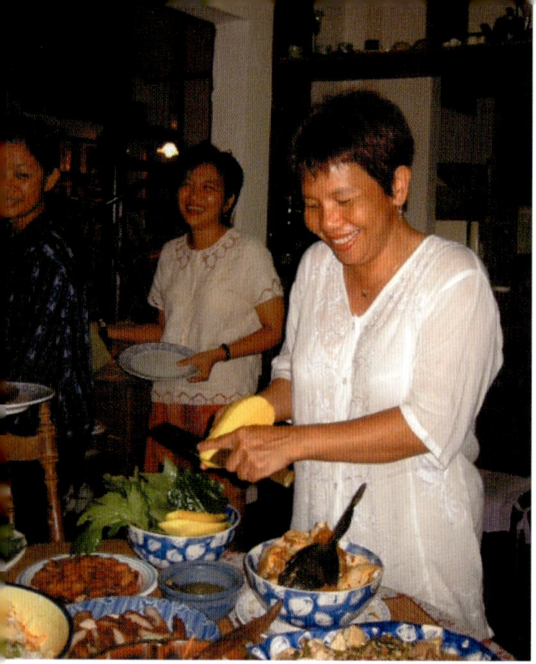
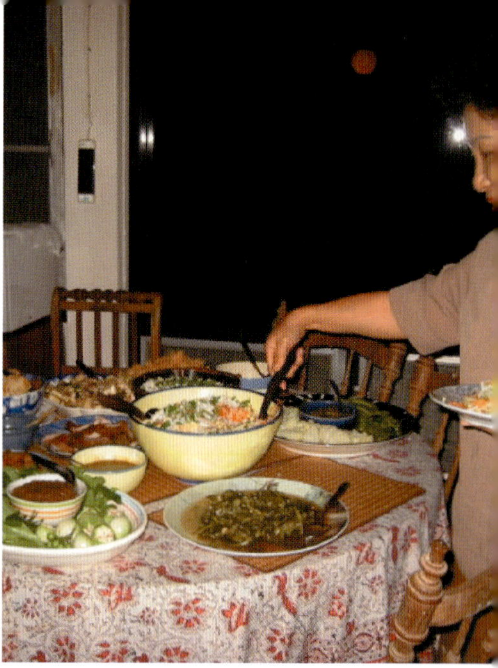
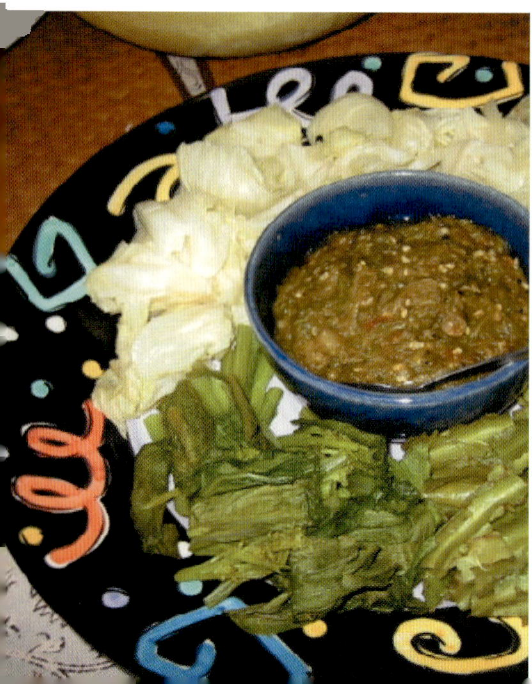
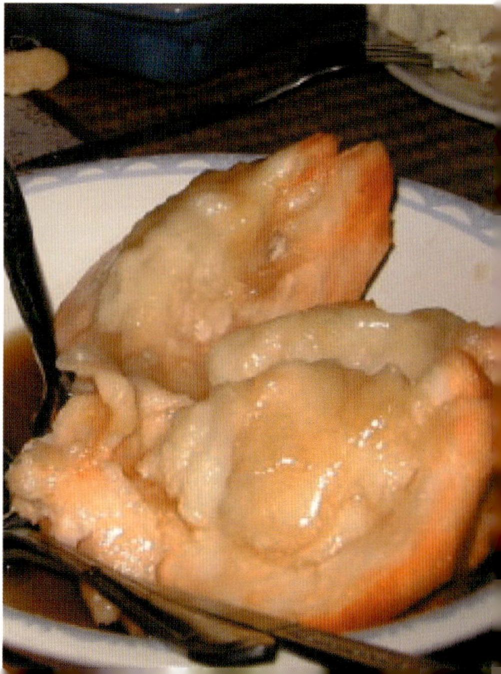

パーティー
おもてなし

どんなにレストランや屋台が繁盛しても、
ホームパーティーでは、外では味わえないご馳走に出会えます。
タイでも、お得意の料理を持ちよってのランチやディナーが盛んで、
親しい友人といっしょのにぎやかで楽しい食事、というご馳走の光景が見られます。
皆さんのお宅でもおいしいタイ料理のパーティーを開いてみませんか。
この本でご紹介した料理を組み合わせて、3つのパーティー料理を作ってみました。
タイは暑い国だから、夏のパーティーかしらと思われるかもしれませんが、
私たちは春、晩秋、初冬という3つの季節にパーティーを設定しています。
日常のお惣菜も組み合わせ方で立派なおもてなし料理になりますし、
日本ならではの季節の食材を使うことで、
ちょっとリッチな気分の、目にも舌にもおいしいご馳走に仕上がります。
家族はもちろん、仲間やお友達などといっしょに、楽しくておいしい食卓を創ってみてください。

<左頁上段>テーブルに並べられたパーティーの料理。思い思いの一皿を持ち寄った女性ばかりのディナー。
<同下段左>モダンなお皿に置かれた「ナムプリック・ヌム」　<同下段右>この日のデザートはカボチャのような形をした果物のクラトーン(左頁　チェンマイ　チェンマイ大学ノック教授自宅)　撮影PK
<右頁>市場のマンゴ(バンコク　オー・トー・コー市場)

晩秋のガーデン・パーティー

ヤム・ウンセン
春雨のサラダ

トートマン・クン
エビすり身のさつま揚げ

ポーピア
タイ風春巻き

ケーン・キアオワーン
グリーン・カレー

カノム・チーン・ナムヤー
タイ風素麺、刻み野菜と魚肉ソースかけ

冬の夜のホーム・パーティー

ヤム・ホイ・ナーンロム
牡蠣のサラダ

トム・カー・カイ
ココナツミルク入り鶏肉のスープ

プー・パット・ポン・カリー
カニのカレー粉炒め

プラー・ヤーン・クルアンテート
魚の香味焼き

パット・パック・ルアムミット
ミックス野菜炒め

春宵のホーム・パーティー

ラープ・イサーン
東北タイ風ひき肉の和えもの

ヤム・タレー
海の幸のサラダ

トムチュートゥ・フェーン
冬瓜のすまし汁

ケーン・ペット
レッド・カレー

パット・ブロッコリー・ムー・クロップ
ブロッコリーとカリカリに揚げた豚バラ肉の炒めもの

クイティアオ・ヌア・トゥム
牛肉の甘辛煮入り汁麺

お隣の国、マレーシアの台所

河野元子

「トクッ、トクッ、トクッ…」、石臼で食材を叩く音がこだまする。「ジャーーー」、熱した中華鍋にニンニクがはねる音。キューン、と香辛料をミックスした独特のカレーのかおり。そこに、バターやチーズを焦がしたにおいが混ざったりする。私もまた台所に立ち、トントントンと包丁の音を立てて料理をする。開け放した扉から入る熱帯の風は生ぬるく、みるみるうちに顔にも身体にも汗が流れ始める。でも台所の私は元気だ。幸せだ。ここはタイの南隣、マレーシアの首都クアラルンプールはバンサの台所。吹き抜けに漂う音やにおいが、そこの住人が誰であるかを、その日の料理が何かを感じさせる。私はこのアパートと、マレー半島東海岸の海辺の村を行き来して、漁業にかかわり生きている人々の歴史について考えている。今、まさに調査研究の真っ只中だ。

多民族国家であるマレーシアには、おもにマレー系、中華系、インド系の人々が住んでいるが、バンサには私のような外国人も暮らしていて近くのスーパーは民族と食材の坩堝だ。村の調査から帰ってきた私は、「さあ、今日は何にしよう」といそいそと買い物に出かける。まっさきに買いたいのが、野菜と豚肉。そう、タイ料理を作るためだ。東海岸の村人はそのほとんどがムスリム（イスラーム教徒）で、彼らの食忌（タブー）である豚肉とアルコールを口にしない。その上、生野菜を好まないため、街に戻った私は野菜や豚肉が食べたくなる。そして、覚えたてのタイ料理を作る。ナムプリック・カピとたっぷりの野菜、焼いた豚肉を炒り米で和えたムー・ナムトク、豚ミンチボールと瓜のすまし汁のトムチュート・フェーンなど。香草と辛くて酸味のきいた味付けのタイ料理とビールの相性は抜群。疲れた身体が癒やされていく。

タイ料理を作るのは、この本とも関係している。ラッカナーから教えてもらった料理をレシピにするため、復習するためだ。しかも、マレーシアでは、たいがいのタイ料理用食材が簡単に、かつ安く手に入る。街の辻にできるパサール・マラム（夜市）では、それはきれいでおいしい野菜や香草に加え、新鮮な肉、魚が手に入る。こんな中、ただひとつ手に入らないのが、クリーム色のヤシ砂糖。マレーシアでヤシ砂糖といえば、グラ・マラカと呼ばれる褐色のかたまりで、ざらっとした感触に、濃い味。これと、花豆を炊いたようなとろっとしたタイのヤシ砂糖とは、親戚以上に遠い感じがする。

ジャスミンライスで知られるタイ米を日常的に使い、ココナツミルクはフレークを買って村で習ったように水に漬けて搾って作るなど、この地の食材を使い

慣れた頃から、私は日本人の友人をタイ食卓に招いた。一番付き合ってくれたのが、マレーシアの出産慣行の変容について研究している加藤優子さんだ。楽しいおしゃべりと「おいしい」と言ってくれるのが嬉しくて、じゃあまたと忙しい人を捕まえて試食へ誘った。そのお陰で私は広くタイ料理作りの復習ができたようなものだ。

このように、マレーシアではタイ料理の食材が簡単に手に入り料理ができる。実際、街のタイ料理レストランは目に付くし、村でもタイ料理屋は流行っている。では、一般家庭ではどうなのだろうか？　タイ料理は単にレストランの料理なのだろうか？

タイ料理のレパートリーが増えた頃から、生来の料理好きも手伝って、私はあちこちの台所でタイ料理を作ってみた。まずは福建系華人である大家さんのお宅。錫鉱山で栄えたペラ州から首都へやってきた兄弟たちは、各々の道で成功し、香港、シンガポール、アメリカ、そして日本に住む。中国正月や夏休みには皆が帰ってきて家は賑やかになる。その台所で作った私のタイ料理はケーン、ナムプリック、ヤムなど。華人の中には、観音信仰の関係で牛肉を食べない人が結構いるが、この家はあらゆる食材に適応してくれた。中でも、あっさり味、魚好きからか、ヤム・タレーが大好評。魚介類にライムと香草が効いた辛くてさっぱり味のこの一品が嗜好にあったようだ。しかし、彼らの毎日のご飯にもお祝いの食卓にも、タイ料理に使う食材は目に付くものの、タイ料理の影響を見つけることは難しい。そこには別のおいしさ、中国華南地方から移住してきた祖父母の味、中華料理の世界が脈々と流れている。そんな華人にはタイ料理は基本的にレストランの料理なのだろう。

ムスリムの場合はどうだろう。調査村の寄宿先はもちろんのこと、船長さんの家やら役人の家やらとあちこちでタイ料理を作った。食忌と野菜ぎらいに加え、彼らは生魚と酸味も苦手であることも発見。華人の大好きな魚介にライム味のヤム・タレーは、彼らにはおいしくない、酸っぱくて遠慮したいものになる。もちろん、都市に住むムスリムでは事情がちょっと違うが…。総じて好きなもの、それはクリスピーな揚げもの。エビのすり身の揚げもの、トートマン・クンは大好評。カレー味とエビだからおいしくて仕方ないらしい。これと同じくらい好きなのが、トムヤム。中には、マレー料理と思っている人さえいる。ただ、マレー系の作るトムヤムは、味のポイントとなるナムプラーは使わない。ライムもほんの少し。トウガラシ、レモングラス、コブミカンの葉など香草が入るため、それなりの味にはなるが、本場の味を知ってしまった私には違う料理。むろん私の作るトムヤムはナムプラーを使う。「おいしい」というお代わりのおねだりに、ライム汁は「少し」と付け加えるのがおかしい。マレー系ムスリムは、食忌、嗜好とのバランスをとりながら、自分たちにあった形でタイ料理を取り入れてきたようだ。長くマレー半島に住む彼らにとって、隣国タイは身近な存在なのかもしれない。

タイ料理は、インド、中国、またマレーの味をうまく取り込みながら独自の料理を作り出していった。これに対して、村のトムヤムのように、家庭料理に取り込まれたものがあるものの、街でも村でも「マレーシア独自の料理」なるものを見つけるのは難しい。旅人から「マレーシアは料理がおいしいね」とか「安くておいしい中華料理はマレーシアが一番」とか言われるが、これは「マレーシア独自の料理」がそうであることを意味するのではない。レストランの料理がバラエティに富み、例えば中華料理もインド料理もピンからキリまでおいしいということなのだ。マレーシアでは歴史的、政治的背景から各民族が混血することが少なかった。そのためか、料理もまた混血する機会が少なく、他方で各々の料理が進化したのだ。マレーシアの食から、その国の料理は、その国の民族のあり方を反映していることが見えてこよう。

そういえば、私はまだインド系の人の台所に立っていない。南インドからやって来た彼らは、タイ料理をどのように感じているのだろうか…。

撮影PK・PY

食材リスト

野菜
香草
スパイス

マクア・プラウ
(タイナス)

マタア・ブアン
(豆ナス)

サトー
(ネジレフサマメ)

マナーオ
(ライム)

プリック・チー・ファー
(生トウガラシ)

プリック・キー・ヌー
(生トウガラシ)

プリック・ヘーン
(乾燥トウガラシ)

プリック・ポン
(乾燥トウガラシ粉)

ホーム・デーン
(赤小タマネギ)

カー
(タイショウガ)

タクライ
(レモングラス)

バイ・マクルート
(コブミカンの葉)

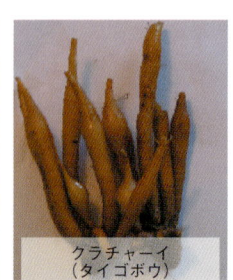

クラチャーイ
(タイゴボウ)

パクチー
(コリアンダー)

パクチー・ファラン	クラプラオ（ホーリーバジル）	ホーラパー（スイートバジル）	マクウェーン

ヌードル
米

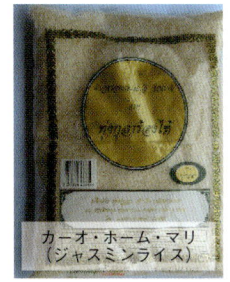

センレック（米麺・細手）	カーオ・ホーム・マリ（ジャスミンライス）

調味料
カレー・ペースト

ナムプラー（魚醤）	ナムチム・カイ（スイート・チリソース）	マカーム・ピアック（タマリンド）	カピ（エビペースト）

ナムターン・ピープ（ヤシ砂糖）	（レッド・カレーペースト）	（グリーン・カレーペースト）	（ケーン・ソム・ペースト）

142　　　　　　　　　　　　　　　　　　　　　　　　　　　　　　　　　　　　　　攝影PK・PY

エピローグ

2000年秋、小説『人間の大地』で知られるインドネシアの作家プラムディヤ・アナンタ・トゥールさんが、京都大学東南アジア研究センター(現、研究所)を訪問されました。「東南亭」と呼ばれる談話室には、福岡アジア賞を受賞されたお祝いを兼ねて手作りの料理が並びました。加藤剛先生のおもてなしのオーダーに、和食より東南アジアの料理が喜ばれるかも、と藤田さんの薦めからラッカナーさんをシェフに、私たち院生は「優しい味」のタイ料理を作ったのです。タイの料理を作るのも、ラッカナーさんの腕前・センスを実感したのもこれが最初。まさか後にタイ料理の本を作ることになるなど夢にも思わなかった頃です。それから半年、今度は坪内良博教授退職記念の院生主催パーティーで、タイ料理を再び「東南亭」で作ったのでした。山口さんのイラスト入りメニューが料理に花を添えました。それから話がトントン拍子、この本の企画、料理作りが始まったのです。

レシピ作りのための料理もまた「東南亭」の台所で作られました。2001年の春から初夏にかけ、連日、一口コンロを使って作った約70種類のタイ料理が、下宿から持ち込まれた食器に盛り付けられていきました。夕方の「東南亭」には、ココナツミルクやナムプラーのかおりが立ち、院生・若手研究者・留学生との賑やかな試食の日が続きました。ラッカナーさんは大人数の料理を作るのがお得意。大勢の「お客様」は作る方にとっても張り合いになりました。確かに苦労もありましたが、各自の得意分野でもって買い出しから料理作り、撮影、イラスト、文章、編集とうまく役割分担ができたことは幸運でした。この年の夏には、タマサート大学に留学中の水谷康弘さんと5人で、タイの食を訪ねる旅をしてタイを五感で実感。秋から翌春には加藤先生はじめ坪内先生、山田勇先生のご自宅でおもてなしの料理作り、さらに料理作りの復習など、休まず前進できた原動力は、学生という自由な立場と、なにより4人が食いしん坊だったということでしょう。

しかし2002年春、ラッカナーさんが京都での留学生活を終えて、故郷のチェンマイに帰っていきました。他の3人もまた、海外での長期調査で京都をあけることが多くなり、作業は思うように進まなくなっていきました。藤田さんはタイ・インドネシアへ、山口さんはフィリピンへ、私はマレーシアへと散っていき、打ち合わせはチェンマイやバンコクで行ない、各自の作業は各自の現場ですることになったのです。その上、熱帯故のパソコンのトラブルもあったり、と本の完成には企画から3年という長い歳月がかかってしまいました。

その間、加藤先生と出版社めこんの桑原晨さんは、辛抱強く私たちを励まし続けて下さいました。編集から校正に至るまで指針を示して下さった加藤先生、出版の機会を与えて下さった桑原さん、また大学の仲間たちのエール、そして取材に協力して下さったタイの人々に深く感謝します。

ちなみに、プラムディヤ『人間の大地』の出版社はめこん。不思議なめぐりあわせを感じます。

2004年7月　著者を代表して　　河野元子

ラッカナー・パンウィチャイ
京都大学大学院人間・環境学研究科博士課程単位取得。
ジェンダー、ファッション、教育など、タイの現代社会を鋭く描くコラムニストとして活躍中。雑誌に連載後、単行本になった『京都からの手紙』は、斬新な切り口でタイの読者に衝撃を与えた。

藤田 渡（ふじたわたる）
京都大学大学院人間・環境学研究科博士課程修了。
この10年、タイを歩きながら、森と人との関わりについて考えてきた。最近では、インドネシア・マレーシアの森へも足を伸ばしている。

河野元子（かわのもとこ）
京都大学大学院アジア・アフリカ地域研究研究科博士課程在学中。
マレーシアの海辺に住んで、海と共に生きる人々の歴史について考えている。一方で、東南アジアの海岸や街を歩き、「食べること」への関心を深めている。

山口きよ子（やまぐちきよこ）
京都大学大学院アジア・アフリカ地域研究研究科博士課程在学中。
フィリピン建築の歴史をアメリカ留学時代に培った建築調査の手法を使って研究している。

編集協力　　　　　　　　　　　　　　　（敬称略）
京都大学大学院アジア・アフリカ地域研究研究科および京都大学東南アジア研究所の大学院生・若手研究者の皆さん
京都大学のタイ人留学生の皆さん
ウィエンラット・ネーティポー、加藤廣子、坪内良博、坪内玲子、水谷康弘、山田 勇、山田洋子

写真撮影者
PF　布野修司
PK　河野元子
PY　山口きよ子
イニシャルのない写真　藤田 渡

やすらぎのタイ食卓

定価　1800円＋税
初版第1刷発行　2005年3月20日
　　　2刷発行　2008年6月10日
著者　ラッカナー・パンウィチャイ　藤田 渡　河野元子
イラスト　山口きよ子
装丁　渡辺恭子
発行者　桑原 晨
発行所　株式会社　めこん
　　〒113-0033　東京都文京区本郷3-7-1
　　電話 03-3815-1688　FAX 03-3815-1810
　　ホームページ　http://www.mekong-publishing.com
印刷・製本　太平印刷社
©2005 by Lakkana Punwichai, Wataru Fijita, Motoko Kawano, Kiyoko Yamaguchi, Printed in Japan

本書の全部または一部を無断で複写（コピー）することは著作権法上での例外を除き、禁じられています。
ISBN978-4-8396-0180-5 C2077 ¥1800E
2077-0501180-8347